퍼스널
브랜딩 피부

나의 브랜드 가치를 높이는 아름다움의 전략을 찾아라!
퍼스널 브랜딩 피부

초판 1쇄 인쇄 2024년 4월 15일
초판 1쇄 발행 2024년 4월 29일

지은이 남수현

발행인 백유미 조영석
발행처 (주)라온아시아
주소 서울특별시 서초구 방배로 180 스파크플러스 3F

등록 2016년 7월 5일 제 2016-000141호
전화 070-7600-8230　　**팩스** 070-4754-2473

값 19,800원
ISBN 979-11-6958-106-6 (13320)

※ 라온북은 (주)라온아시아의 퍼스널 브랜드입니다.
※ 이 책은 저작권법에 따라 보호받는 저작물이므로 무단전재 및 복제를 금합니다.
※ 잘못된 책은 구입하신 서점에서 바꾸어 드립니다.

라온북은 독자 여러분의 소중한 원고를 기다리고 있습니다. (raonbook@raonasia.co.kr)

나의 브랜드 가치를 높이는
아름다움의 전략을 찾아라

퍼스널 브랜딩 피부

남수현 지음

PERSONAL　　SKIN　　BRANDING

- 20년 경력 피부 케어 전문가의 피부 브랜딩 코칭
- 비수술 윤곽성형 피부관리전문가의 비법 전수
- 5000명 이상 케어 경험으로 축적된 피부 관리법 대방출

**뷰티 메타인지를 통해 자기 피부의 정체성을 찾고,
스스로의 피부 컨디션을 컨트롤하며
피부에 대한 이해를 높이는 노하우 바로 알기!**

"피부로 말하는 나, 자기 브랜드화의 예술"
외모에서부터 브랜드 스토리텔링을 시작하라

-------- 프롤로그 --------

퍼스널 브랜딩과 자기계발을 위한 또 하나의 무기, 피부 관리!

아침에 거울을 보면서 자신의 얼굴에 대해 어떤 생각을 하는가? 눈가의 주름이나 여드름, 건조한 피부 혹은 어두운 안색에 대한 고민을 품고 있을 수도 있다. 현대 사회에서는 특히나 외모가 매우 중요시되고 있으며, 피부 또한 매력과 자신감을 높여주는 중요한 요소 중 하나이다. 하지만 생각보다 많은 사람들이 피부에 대한 고민을 안고 살아가고 있다.

▌퍼스널 브랜딩의 시대

현대 사회에서 성공하려면 더 이상 자기 계발만으로는 부족하다. 우리는 이제 모든 사람이 자신만의 개인적 차별성을 만들어 퍼스널 브랜딩을 해야 하는 사회에 살고 있다. 하지만 퍼스널 브랜딩을 위해서는 머릿속을 채워주는 자기 계발만으로는 충분하지 않다. 우리는 피부뿐만 아니라 외모 전반에 대한 관리, 커뮤니케이션 스타일, 생활 습관, 자세 등 다양한 요소를 고려해야 한다. 이 모든 것들은 시간과 노력이 많이 필요한 작업이라고 생각할 수 있다. 하지만 이 책은 나의 습관 성형을 통하여 최소한의 시간과 노력으로 변화할 수 있는 지침서가 될 것이다.

현대 사회는 점점 지능적으로 고도화되어 가고 있다. 우리 사회는 점점 발전하면서 재능이 많은사람들이 더욱더 늘어가는 추세이다. 하지만 아무리 뛰어난 실력을 겸비하더라도 눈에 띄지 않으면 그 사람이 괜찮은 사람인지 알 길이 없다. 내적인 본질의 역량을 키우는 것도 매우 중요하지만, 나를 알리는 데 있어 매력적인 피부는 나의 본질을 감싼 포장을 더 돋보이게 하는 무기가 된다.

우리는 각자가 자신만의 독특한 아이덴티티를 만들고, 그것을 세상과 공유하는 것이 중요시되는 퍼스널 브랜딩 시대에 살고 있다. 이제는 우리의 외모와 스타일이 우리가 소통하는 방식부터 우리가 사회에서 인식 받는 방식까지 큰 영향을 미친다. 그리고 그 중요성은 점차 더 커지고 있다.

따라서 피부관리는 우리의 자기 계발의 일환으로서 단순히 외모를 가꾸는 것 이상의 의미를 가지고 있다. 왜냐하면 우리의 피부는 우리가 세상과 소통하는 첫 번째 매개체이기 때문이다.

우리의 피부는 우리의 자신감, 건강 상태, 삶의 질과 밀접한 연관이 있다. 더 나아가, 피부관리는 단순히 외부의 아름다움을 추구하는 것이 아닌, 우리의 내면과 외면의 조화를 이루는 것이다. 곧 우리가 스스로를 돌보고 존중하는 과정에서 찾아가는 아름다움이다. 이제는 시대를 겨냥한 셀프 관리의 배움은 필수적이다. 우리는 매력적인 피부를 통해 자신의 이야기를 전달하고, 자신만의 아이덴티티를 강화하며, 더 나은 버전의 자신으로 성장하기 위해 노력해야 할 것이다.

사람은 저마다의 피부를 지니고 있다. 지구상에 사는 수많은 생명체 중 일부인 우리에게 피부는 큰 기관 중 하나이며, 우리를 바깥세상과 연결해 주는 중요한 역할을 한다. 그리고 우리가 속한 사회에서 많은 의미를 지니며, 때로는 우리의 자아와 신원을 나타내기도 한다.

현대 사회에서는 외모가 점점 더 중요시되고 있다. 소셜 미디어의 발달과 함께 외모의 중요성은 더욱 부각되었고, 많은 사람이 자기 외모에 대해 더 많은 관심을 기울이게 되었다. 특히 젊은 세대들은 매력적인 외모를 추구하는 데 큰 관심을 가지고 있으며, 이를 위해 다양한 노력 이외에도 시간과 돈을 투자하고 있다.

그러나 이러한 사회적 트렌드에도 불구하고, 여전히 많은 이들이 자기 피부에 대한 이해가 부족하거나 적절한 관리 방법을 알지 못하고 있다. 이에 따라 피부 문제로 고통받는 사람들이 많이 있으며, 이는 종종 자신의 자아에도 부정적인 영향을 미친다.

이 책은 피부에 대한 이해와 올바른 관리 방법에 대한 정보를 제공하여 이러한 문제를 해결하고자 한다. 우리는 피부를 단순히 외모의 일부분으로만 보지 않고, 우리의 건강과 자아에 큰 영향을 미치는 중요한 요소로 인식해야 한다. 피부를 제대로 관리하고 건강하게 유지하는 것은 우리의 삶의 질을 향상하고, 자신감과 자존감을 높여줄 수 있는 중요한 요소이다.

이 책을 통하여 피부에 대한 기본 구조와 각자의 피부에 맞는 적절한 관리 방법을 찾는 데 도움을 주고자 한다. 또한 피부와 관련된 다양한 문제에 대한 해결책을 제시하고, 누구나 실천만 한다면 건강하고 아름다운 피부를 가꾸는 방법을 터득할 것이다.

    나는 20년 동안 5,000명 이상의 사람을 케어해 주는 경험을 통하여 매력적인 피부와 인상을 만드는 방법에 관한 노하우를 쌓게 되었다. 비수술윤곽성형 피부관리전문가로 활동하며 비법을 전수해 주고 있으며, 이 과정에서 아직도 많은 사람이 피부 고민을 가지고 있음을 알 수 있었다.

    우리 모두는 저마다 각자 서로 다른 피부를 가지고 있다. 피부는 우리의 생활 습관, 환경, 유전적 요인 등 다양한 요소에 영향을 받아 그 특성이 형성된다. 때로는 피부가 건강하고 아름답게 보이는 것이 쉽지 않을 수 있다. 그러나 우리는 피부에 대한 이해와 적절한 관리를 통해 그 변화를 끌어낼 수 있다.

    따라서 이 책을 통해 피부에 대한 이해와 올바른 관리 방법을 전달하고자 한다. 뷰티 메타인지를 통해 자기 피부의 정체성을 찾고, 스스로가 자신의 피부 컨디션을 컨트롤 할 수 있으며 자기 피부에 대한 이해를 높이는 것이 목적이다. 이 책을 통해 건강하고 아름다운 피부를 가꾸는 방법을 쉽게 습득할 수 있을 것이다. 매력적인 피부관리가 퍼스널 브랜딩을 위한 자기 계발의 무기가 될 수 있다는 것을 명심하자!

남수현

- **프롤로그** 퍼스널 브랜딩과 자기계발을 위한 또 하나의 무기, 피부 관리 4

PART.1
매력의 시대, 자신만의 퍼스널 피부에서 시작된다

Chapter.1
0.1%만 아는 외적 매력도의 끝은 '미적 자본'인 피부다

- 1. 당신은 예뻐지고 싶은가? 아름다워지고 싶은가? 15
- 2. 나의 현재 몸 상태는 피부가 모두 말해준다 21
- 3. 외모 지상주의 시대의 생존법 26
- 4. 나의 첫인상은 3초만에 결정된다 31
- 5. 매력적인 피부를 가진 사람이 성공할 확률이 높은 이유? 36
- 6. 피부의 계급이 높아야 하는 이유 41
- 7. 피부가 바뀌면 인상이 변하고 인상이 바뀌면 인생이 변한다 46

Chapter.2
'퍼스널 브랜딩 피부'가 당신의 피부를 바꾼다

- 1. 매력적인 피부를 가지기 위한 자존감을 올리는 5가지 법칙   53
- 2. 피부관리에 앞서 뇌를 먼저 관리해야 한다   58
- 3. 피부가 좋아지려면 나의 행동과 습관의 패러다임을 바꿔야 한다   62
- 4. 부정적 마음의 상태가 피부를 병들게 한다   69
- 5. 뷰티 메타인지를 통한 피부관리 방법   73
- 6. '퍼스널 브랜딩 피부'란 무엇인가?   82

PART.2
퍼스널 브랜딩, '나'다운 매력의 시작
피부 파워를 어떻게 높일까? -BASIC

Chapter.1
나의 세포의 젊음을 유지시키기 위한 최소의 방법

- 1. 건강한 세포가 곧 아름다운 피부를 결정한다   89
- 2. 숙면은 피부관리에 필수!   94
- 3. 스트레스를 조절하는 자율 신경계   97
- 4. 스트레스로 인해 내 피부가 망가지는 이유   102
- 5. 오랫동안 앉아 생활하는 습관은 체내 염증을 일으킨다   107

Chapter. 2
'나'다운 매력, 에너지는 먹는 것에서부터 시작된다

- 1. 피부 다이어트가 시급한 시대에 살고 있다　　　　　　　　　115
- 2. 살아있는 음식을 먹어야 하는 이유 ①　　　　　　　　　　120
- 3. 살아있는 음식을 먹어야 하는 이유 ②　　　　　　　　　　125
- 4. 살아있는 음식을 섭취하는 방법　　　　　　　　　　　　　130
- 5. 살아있는 음식의 힘　　　　　　　　　　　　　　　　　　136
- 6. 살아있는 음식으로 건강하게 섭취하는 구체적인 방법　　　141

PART.3
퍼스널 브랜딩 피부 실행

Chapter.1
아름다운 피부의 70%는 당신이 씻는 것에 답이 있다

- 1. 클렌징만 잘해도 피부는 건강해진다　　　　　　　　　　　151
- 2. 클렌징은 피부의 시작이다!　　　　　　　　　　　　　　　157
- 3. 클렌징 시작 전에 알면 피부가 좋아지는 방법 3가지　　　　164
- 4. 매력적인 피부를 위해 반드시 알아야 하는 피부의 각질화 과정 28일　169

Chapter.2
몸값을 올리는 무기가 되는 퍼스널 브랜딩 피부 7단계

- 1. 피부 문제의 근본적인 원인은 열 때문이다　　　　　　　177
- 2. 아름다운 피부는 배출부터 시작된다　　　　　　　　　185
- 3. 먹는 순서가 바뀌면 살이 빠진다　　　　　　　　　　　190
- 4. 클렌징에는 이중 세안이 필수다　　　　　　　　　　　195
- 5. 매력적인 퍼스널 브랜딩 피부를 위한 장비(도구) 세팅　　202
- 6. 얼굴이 붓는 원인과 해결 방법　　　　　　　　　　　　209
- 7. 피부 회복 단계(명품 피부를 위한 숙면의 기술)　　　　216

Chapter.3
당신이 꼭 알아야 할 피부에 대한 사실

- Q.1 성형외과, 피부과, 피부 전문가, 차이는?　　　　　　　223
- Q.2 지인에게 소개받은 병원, 저는 왜 효과를 보지 못할까요?　226
- Q.3 유명 병원에서 필러시술 후 팔자주름이 점점 처져서 이상해졌어요　230
- Q.4 소문난 ○○화장품, 사용한 지 3개월째인데 더 이상 효과가 없어요　234
- Q.5 보습을 아무리 해도 항상 건조하고 화장을 하게 되면 밀리거나 뜨게 돼요　242
- Q.6 코 수술 이후 코에 블랙헤드가 많이 생겼어요　　　　247
- Q.7 비싼 화장품을 쓰는데도 얼굴 빛이 어두워지네요　　251
- Q.8 셀프 얼굴 관리를 하고 있는데도 얼굴이 틀어진 게 보여요　255
- Q.9 셀프 괄사 이후 얼굴의 부기는 빠졌지만 탄력이 떨어진 것 같아요.　259
- Q.10 윤곽 관리 20회 차인데 더 이상 좋아질 기미가 안 보이네요.　264
- Q.11 20대 후반 여성인데, 또래보다 목주름이 많은 것 같아요　269

- **에필로그** 피부 브랜딩의 시대, 외모도 나의 무기다　　　　274

PART.1
매력의 시대, 자신만의 퍼스널 피부에서 시작된다

Chapter.1

0.1%만 아는
외적 매력도의 끝은
'미적 자본'인 피부다

01

당신은 예뻐지고 싶은가?
아름다워지고 싶은가?

현대 사회에서는 외모의 중요성이 더욱 부각되고 있다. 우리는 자신의 외모를 통해 자신감을 얻거나 사회적으로 성공을 이루는 데 기여한다고 믿기도 한다. 이에 따라 예쁘다 또는 아름답다고 여기는 기준도 다양하게 나뉜다.

【예쁘다】
1. 생긴 모양이 아름다워 눈으로 보기에 좋다.
2. 행동이나 동작이 보기에 사랑스럽거나 귀엽다.
3. 아이가 말을 잘 듣거나 행동이 발라서 흐뭇하다.

【아름답다】

1. 보이는 대상이나 음향, 목소리 따위가 균형과 조화를 이루어 눈과 귀에 즐거움과 만족을 줄 만하다.
2. 하는 일이나 마음씨 따위가 훌륭하고 갸륵한 데가 있다.

보통은 예쁘다는 의미는 젊음의 아름다움을 표현하는 단어로 많이 사용된다.

✲ 예쁘다 vs 아름답다

예쁘다는 주로 외모의 미적 요소를 강조하며, 생긴 모양이나 행동이 사랑스럽거나 귀엽다는 데 중점을 둔다. 한편 아름답다는 외모뿐만 아니라 내면적인 특성에도 주목한다. 외모와 행동, 그리고 마음의 조화가 만들어내는 느낌이나 감성적인 측면을 강조한다.

현대 사회에서 외모에 대한 관심과 요구가 더욱 높아지면서, 많은 사람이 빠르고 쉽게 예뻐지거나 아름다워지고 싶어 하고 있다. 이에 따라 성형외과를 방문하는 사람들이 증가하고 있으며, 성형수술이나 시술이 대중화되고 있는 추세이다.

✲ 성형의 역사

대한민국의 성형외과가 시작된 시기는 해방 이후로 거슬러 올라간다. 미국의 선교사가 세브란스 병원에서 근무할 때부터 고질적인 피부 궤양과 안면 흉터 등 피부 질환의 재생과 이식에 대한 연구가 시작되었다. 이후 한국전쟁 중에 구순 구개열 환자를 수술하여 얻은 경험을 토대로 구순 구개열 성형 수술법이 개발되었고, 이를 통해 전문적인 성형외과 치료가 시작되었다. 그리고 각국으로 유학하러 갔던 각 분야의 의사들이 귀국하면서, 한국 의사 중에서도 처음으로 미국 성형외과 전문의 자격증을 취득한 유재덕 교수님을 비롯한 의사들이 1961년 9월에 성형외과 전문 진료를 시작했다. 1975년부터는 전문의 자격시험이 치러지기 시작하여, 이를 통해 성형외과 전문의의 질적 향상이 이루어졌으며, 이러한 발전은 2013년까지 총 38년의 역사를 거쳐 왔다. 이러한 과정을 통해 대한민국의 성형외과는 전문성을 갖추고 점차 발전해 왔다. (출처: 대한성형외과협회 신문)

✱ 성형의 대중성

한국에서는 성형수술이 보편화되어 가고 있다. 성형외과의 역사는 오랜 세월에 걸쳐 발전해 왔으며, 현재에 이르러서는 거의 일상적인 미용 수술로 자리 잡고 있다. 하지만 성형에 대한 사회적 시선은 여전히 갈리고 있다. 성형을 시도하는 사람들은 자신을 더 아름답게 만들고자 하는 욕망을 가지고 있지만, 이에 대한 부정적인 시선도 여전히 존재한다.

과거에는 성형수술이 특정 사회적 계층이나 연령층에만 사용되던 것과는 달리, 현재에는 더 다양한 사람들이 성형을 고려하고 있다. 또한 이러한 성형수술이나 시술을 선호하는 사람들이 늘어나면서 성형외과의 역할과 중요성도 증대되고 있다.

이러한 추세는 여러 가지 요인에 의해 영향을 받고 있다. 먼저, 미디어와 사회의 외모에 대한 기대와 표준화된 아름다움의 개념이 영향을 미치고 있다. 특히 SNS와 같은 플랫폼을 통해 외모가 과도하게 강조되고 있어, 사람들은 자신의 외모에 대한 불만이나 부족함을 더욱 심각하게 느끼게 된다. 또한 성형수술이나 시술의 기술적 발전과 안전성 증대, 비용의 상대적 저렴함 등이 성형을 고려하는 사람들에게 긍정적인 영향을 미치고 있다. 이러한 기술적 혁신과 발전은 성형수술이 더욱 안전하고 효과적으로 이루어질 수 있도록 도와주며, 사람들이 성형을 더욱 쉽게 고려할 수 있게 만들고 있다. 요즘 우리나라에서 성형은 전혀 특별할 게 없는, 상당히 보편적인 미용의 하나가 되었다. 지하철역 어디에서나 찾아볼 수 있는 성형 광고, SNS와 기사, 댓글에 흔하게 널린 일상적인 외모 품평과 비난을 보다 보면, 오히려 우리 사회에서 성형을 부추기고 있다는 느낌마저도 든다.

하지만 성형을 고려할 때는 결정에 신중해야 한다. 외모 개선은 자신의 자존감을 높일 수 있지만, 동시에 신체에 변화를 가하는 것이므로 잘못된 선택은 심각한 후회로 이어질 수도 있다. 워낙 많은 사람들이 시도하다 보니 얼굴 생김새가 똑같아지는 현상도 볼 수 있다. 그리고 성형수술의 부작용으로는 염증, 감염, 혈종, 흉터 등이 있다. 이러한 부작용은 수술 후 발생할 수 있으며, 추가적인 치료나 관리가 필요할 수 있다. 몇몇 사람들은 신체의 반응으로 피부 염증이나 알레르기 반응을 겪을 수도 있다. 또한 원하는 결과를 얻지 못할 경우 재수술이 필요할 수 있다. 따라서 성형을 고려하는 사람들은 전문가의 조언을 듣고 신중하게 판단하는 것이 중요하며 성형하기 전 나의 몸 상태를 체크하는 것이 중요하다.

몸이 충분히 외부에 자극을 빨리 수용하고 회복할 수 있는 건강 상태를 만든 다음 시술이나 수술하게 되는 경우 훨씬 자연스러움을 얻을 수 있으며 부작용을 최소화할 수 있다.

성형보다 피부관리가 더 중요한 이유

많은 사람이 외모에 대한 불만을 가지고 있을 때, 첫 번째로 떠올리는 것은 성형수술이나 시술을 통한 외모 개선일 것이다. 하지만 우리가 종종 간과하는 중요한 사실이 있다. 그것은 피부가 우리의 매력을 결정하는 데에 큰 영향을 미친다는 것이다. 성형수술은 단지 외부의 뼈대나 형태를 수정하는 것이지만, 피부는 우리의 외모와 매력을 결정하는 중요한 요소 중 하나이다.

첫째, 피부는 우리의 건강 상태를 반영한다.

건강하고 생기 넘치는 피부는 우리가 영양을 적절히 섭취하고 건강한 생활 습관을 유지하고 있음을 보여준다. 피부가 건강하고 예쁘게 관리되면, 그것은 우리가 자신을 소중히 여기고 건강을 유지하려는 모습으로 보이게 되며, 건강한 피부는 긍정적인 에너지를 발산하여 주변 사람들에게 매력을 느끼게 한다.

둘째, 피부는 우리의 자아를 반영한다.

얼굴은 우리의 감정을 읽을 수 있는 창이고, 피부는 그 창문의 일부이다. 피부가 건강하고 반짝이며 생기가 넘치면, 우리는 자신감을 갖고 주변과 소통할 수 있다. 반면, 피부가 나쁘게 관리되고 지저분하면 우리의 자신감이 훼손되고 얼굴에서는 부정적인 감정을 느끼게 될 수 있다.

마지막으로, 피부는 우리의 노화를 반영한다. 잘 관리된 피부는 노화의 징후를 줄여줄 수 있다. 적절한 피부관리 루틴과 올바른 보습을 유지함으로써 피부의 탄력과 윤기를 지킬 수 있다. 이는 우리가 더 젊고 활기찬 느낌을 주는 데 도움이 된다.

 결론적으로, 성형수술은 외모 개선의 한 가지 방법이지만, 피부 관리도 또한 중요한 역할을 한다는 점이다. 건강하고 관리된 피부는 우리의 매력을 높이고 자신감을 높여준다. 따라서 성형수술을 고려하기 전에, 우리는 먼저 피부 관리에 충분한 시간과 노력을 투자해야 한다. 그것이 우리의 진정한 매력을 발휘할 수 있는 길일 것이다.

02

나의 현재 몸 상태는 피부가 모두 말해준다

····
매력적인 피부는 경쟁력이다

▎사람들은 왜 매력적인 피부를 갖고 싶어 할까?
그 이유는 매력적인 피부가 멋진 외모에 긍정적인 영향을 미치기 때문이다. 멋진 외모는 자신감을 향상시키고 좋은 인상을 주어 주변 사람들과의 상호작용에 크게 영향을 미친다.

"보기 좋은 떡이 먹기도 좋다"라는 한국 속담이 있다. 멋진 외모를 가지게 되면 사람들의 행동은 호의적으로 바뀐다. 많은 연예인과 모델들은 뛰어난 외모와 매력적인 피부로 주목받는다. 화장품 광고에서는 매력적인 피부를 강조하면 제품의 성능을 시연하는 데 큰 도움이 된다. 해당 화장품을 사용하면 그 모델처럼 될 수 있다고 생각하거나, 모델이 그 화장품을 검증했다고 생각하기 때문에 모델들의 피부 상태가 제품 매출에 영향을 크게 차지하게 되는 것이다.

그래서 그들은 매일 피부관리 루틴과 전문가의 도움을 받아 외모를 유지하며 활동한다. 연예인, 모델, 혹은 일반인들도 자기 외모와 피부 상태에 주목하고 이를 관리함으로써 성공을 거둔 사례가 셀 수 없이 많다.

나 또한 어린 시절 외모 콤플렉스 때문에 항상 주인공이 아닌 조연이나 들러리의 경험이 많았다. 하지만 지금은 매력적인 피부를 통해 인상과 외모가 바뀌면서 주위의 사람들이 좀 더 호의적으로 바뀐 경험을 많이 하게 되었고, 나를 찾는 고객들까지도 나의 피부를 보고 신뢰가 더욱 더 높아졌다.

책임 있는 자리에 있는 사람들의 경우도 완벽한 것을 추구한다

그런 자리에 있는 사람들은 사람들이 선망하며 자기관리가 잘되어 있으므로 주변 사람들에게 긍정적인 인상을 줄 수 있기 때문에 사람들은 그 사람들을 따르게 된다.

피부가 좋지 않아 인상이 어두워 보이는 상사와 피부가 깨끗하여 매력 있는 인상을 가진 상사가 있다. 당신은 어떤 상사의 곁에서 일을 하고 싶은가? 당연히 피부가 깨끗하고 매력 있는 인상을 가진 상사가 좋지 않을까?

판매, 서비스, 미디어 업계에서 외모가 비즈니스상의 이미지를 형성하는 데 아주 큰 영향을 미칠 수 있다. 특히 신뢰와 인상을 높이는 데는 필수이다. 그렇기 때문에 매력적인 피부는 자신을 표현하고 자신감과 자존감을 높이는 데 큰 도움이 된다. 매력적인 피부는 자기 자기 자신감의 원천이다. 피부 상태가 좋을수록 자연스럽게 개인은 더 긍정적인 이미지를 가지게 되며, 이는 자신감 향상으로 이어진다.

《세이노의 가르침》에서 세이노 카네기는 외모에 대해 언급한 바 있다. 그것은 대인 관계와 자신감을 향상하기 위해 외모를 가꾸어야 한다는 말로 요약된다. 외모의 중요성은 각자의 환경과 상황에 따라 다르며, 성공에 있어서는 다양한 요소가 작용한다. 피부 상태 역시 개인의 외모와 자신감에 영향을 미칠 수 있다. 따라서 매력적인 피부 역시 경쟁력이 될 수 있다.

피부는 전반적인 우리 몸의 건강 상태를 말해준다

우리의 피부는 우리 몸의 큰 기관 중 하나로, 우리가 건강한 삶을 살고 있는지를 말해준다. 피부는 우리가 외부 세계와 상호작용하는 주요 장벽이며, 건강한 피부는 우리의 전반적인 건강 상태와 밀접한 관련이 있다. 그러므로 피부의 상태를 관찰하고 유지하는 것은 우리 건강을 지키기 위한 중요한 부분이다.

우리의 피부 상태는 건강한 신체의 표상으로 작용한다. 예를 들어, 건강한 피부는 보송하고 촉촉하며 탄력이 있다. 그러나 건강하지 않은 피부는 건조하고 가렵거나 붓고, 여드름이나 다양한 피부 질환으로 인해 문제를 겪을 수 있다. 피부가 건강하지 않은 경우 이는 몸 전체의 건강에도 영향을 줄 수 있다.

피부는 우리 몸의 건강을 반영하는 거울이다

영양 부족, 스트레스, 환경 오염 등이 피부에 영향을 미치며, 피부 상태는 우리의 신체적, 정신적 건강을 나타내는 지표이다. 따라서 적절한 피부 관리와 건강한 생활 습관은 피부뿐만 아니라 전반적인 건강을 유지하는 데 도움이 된다. 또한 영양소 부족으로 염증이 증가하면 피부에 붉은 반점이 생기고 여드름이 발생할 수 있다.

피부는 또한 우리가 먹는 음식, 마시는 액체, 환경 요인 등과도 밀접한 관련이 있다. 영양 부족이나 수분 섭취 부족은 피부에 영향을 미칠 수 있으며, 자외선 노출이나 환경 오염 또한 피부를 손상시킬 수 있다. 피부는 우리 몸의 건강 상태를 반영하는 거울과도 같은 존재이다. 이처럼 영양소는 피부의 기능과 건강을 유지하는 데 필수적이며, 영양소 부족으로 인해 피부에 문제가 발생할 수 있다. 따라서 균형 잡힌 식습관과 영양소 섭취는 피부 건강을 지키는 데 필수이다.

이외에도 스트레스는 피부에 다양한 영향을 미친다. 스트레스 호르몬의 증가로 인해 여드름이 발생하거나 피부 톤이 어두워지는 등의 변화가 나타날 수 있다.

피부 기름 분비 증가 : 스트레스는 면역 시스템에도 영향을 미치며, 그로 인해 피부의 장벽 기능을 약화 시킨다. 피부 장벽이 약화되면 외부 세균이나 자극물이 피부에 쉽게 침투할 수 있으며, 피지선을 자극하여 피부에서 더 많은 기름을 생성하게 할 수 있다. 이에 따라 과도한 피지가 발생하면 피지선과 모세혈관이 막히게 되어 피지 모낭 내에서 세균이 번식할 수 있는 환경이 조성되며 이 세균의 증가는 염증을 유발하여 여드름의 원인이 된다. 여드름은 주로 피부의 지성 부위에서 발생하며, 특히 얼굴, 가슴, 등과 같은 부위에서 더 많이 나타날 수 있다.

호르몬의 불균형과 변화 : 스트레스는 여성 호르몬인 에스트로겐과 프로게스테론의 균형을 뒤바꿀 수 있다. 이에 따라 테스토스테론과 같은 남성 호르몬의 상승이 발생하면 피지선의 활동이 증가하여 여드름이 생길 수 있다. 여성의 경우는 생리주기, 임신, 갱년기와 같은 생리적인 변화에 따라 호르몬 수준이 변동되어 여드름, 피부 톤 변화, 피부 간 조직의 변화 등이 나타날 수 있다.

우리는 건강한 피부를 유지하기 위해 올바른 식습관, 충분한 수면, 적절한 스트레스 관리, 규칙적인 운동 등을 실천해야 한다. 또한 피부에 좋지 않은 영향을 주는 환경 요인을 최소화하고, 피부를 적절히 보호하는 습관을 길러야 한다.

따라서, 우리는 피부 건강을 위해 스트레스 관리와 건강한 라이프 스타일을 유지하는 것에 집중해야 한다. 피부를 깨끗이 유지하고 올바른 스킨케어를 통해 피지 모낭의 막힘을 예방하며, 염증을 줄이는 것이 여드름을 예방하는 데 도움이 되고 매력적인 피부를 만드는 일의 첫걸음이다!

외모 지상주의 시대의 생존법

성형수술이 답인 시대는 지났다

현대 사회에서는 외모의 중요성이 강조되고 있으며, 매체의 영향력, 사회적 기대, 그리고 소셜 미디어의 발전으로 외모에 대한 관심이 더욱 높아지고 있다. 외모지상주의는 미디어와 사회적 기대 등이 결합하여 강화되고 있는 현상이다. 그 결과로 많은 사람들이 외모에 대한 불안과 압박을 느끼며, 이에 대한 해결책으로 성형수술을 선택하는 경우가 많다. 성형수술은 이런 외모지상주의에 대한 대안으로 쓰이기도 하지만, 이는 단기적인 외모 개선을 제공할 뿐, 내적 만족감과 행복을 보장하지 않는다. 성형수술은 외모지상주의에 빠진 사회에서 흔히 선택하는 방법의 하나이다. 그러나 외모만으로 행복과 성공이 보장되지 않는다는 현실을 직시해야 한다. 외모에 대한 지속적인 강박과 변화를 통해 찾는 행복은 종종 일시적일 뿐이다. 외모 향상의 한계를 깨닫고, 내적 미와 건강한 삶을 추구해야 한다.

외모지상주의의 함정, 성형의 부작용과 한계

성형수술은 외부의 미적 평가를 변화시킬 수 있지만, 동시에 부작용과 한계를 내포하고 있다. 또한, 성형은 과도한 의존으로 이어질 수 있어 개인의 정체성과 자아를 찾는 데에 어려움을 초래할 수 있다. 이는 결국 외모만으로는 내적인 행복과 만족을 찾기 어렵다.

현대 사회에서 외모에 대한 중요성은 더 이상 부정할 수 없는 현실이다. 그러나 성형수술은 단기적으로 외모를 개선할 수 있지만, 그에 따른 부작용과 한계가 존재한다. 우리는 성형이 아닌 매력적인 피부를 갖는 것의 중요성과 그에 따른 긍정적인 변화에 대해 살펴볼 필요가 있다.

✱ 건강하게, 스스로 사랑을 발견하다

성형이 아닌 자연스러운 아름다움을 추구하며, 건강하게 스스로 사랑을 발견하고, 외모의 특정 기준에 갇혀 있는 것이 아닌, 자신의 가치와 개성을 이해하고 존중함으로써 진정한 자아실현이 가능하다.

✱ 내적 아름다움의 중요성

성형수술로 외모 개선에 의한 아름다움에 집중하는 것보다 내적인 아름다움이 외모로 발현될 수 있도록 몸 건강과 피부 건강이 더 중요하다. 부모님이 물려주신 그대로의 개성은 성형으로 얻을 수 없는 진정한 나만의 아름다움이다.

✽ 내적 미를 반영하는 매력적인 피부의 중요성

외모의 매력은 건강하고 환한 피부에서 비롯된다. 피부는 우리의 건강 상태를 대변하며, 내적 미를 갖는 것이 외적으로도 빛을 발할 수 있다. 피부는 '우리의 건강을 반영하는 거울이자 외부 환경과 상호작용의 중심'이다. 건강한 피부는 충분한 수분 공급과 영양소가 풍부한 식습관, 정기적인 운동, 그리고 적절한 휴식으로부터 비롯된다.

피부는 또한 스트레스, 환경 오염, 잘못된 피부관리 제품 사용 등에 반응할 수 있다. 스트레스와 피부 건강 간의 관계는 매우 밀접하다. 스트레스는 피부 상태를 악화시키고 민감성을 증가시킬 수 있다. 그러므로 정기적인 휴식과 스트레스 관리가 피부 미를 유지하는 데 중요하다.

내적 미를 반영하는 피부는 단순히 외부의 아름다움뿐만 아니라, 건강한 생활 습관과의 조화를 통해 창출된다. 균형 잡힌 식습관, 충분한 수분 섭취, 피부에 적합한 관리 루틴은 피부 건강을 유지하는 데 필수적이다. 그뿐만 아니라 햇볕을 피하고 적절한 수면을 취하는 등의 생활 습관도 매력적인 피부를 만드는 데 꼭 필요한 요소이다.

내적 미와 건강한 피부는 상호 연결된 개념으로, 단순히 외모뿐만 아니라 전반적인 건강과 안녕한 삶을 추구하는 일환으로 볼 수 있다. 피부 전문가의 조언에 따라 본인에게 맞는 피부관리 루틴을 만들어 실천하는 것이 정말로 중요하다.

"피부는 우리가 세상에서 어떻게 보이는지에 큰 영향을 미치는 중요한 요소 중 하나이다. 건강한 피부는 단순히 외모뿐만 아니라 개인의 자아 이미지와 자신감에도 긍정적인 영향을 미친다."

이와 같이 외모에 대한 자신의 태도를 변화시키고 내적 성장을 통해 진정한 매력을 찾아가는 것이 중요하다. 단순한 외모의 변화보다 더 오랜 기간에 걸쳐 지속적인 가치를 가진 내 피부가 명품이다. 피부가 명품이면 뭘 걸쳐도 명품처럼 보인다.

피부관리는 피부에 건강한 변화와 정서적인 변화를 가져다줄 수 있다. 그리고 피부에 자극을 최소화하고 건강한 상태를 유지하는 데에 큰 도움이 된다.

특히 화학성분이 적고 순수한 자연 원료 함량이 높은 것을 사용하기를 추천한다. 성분 목록을 주의 깊게 확인하고, 향료나 화학적 보존제가 적은 제품을 선택하며, 피부 유형에 맞는 제품을 찾아 가능하면 알레르기 테스트를 진행하여 트러블을 방지하는 것이 좋다.

클렌징, 토너, 보습제의 단계에서 흡수하는 데 시간을 두고, 특히 클렌징 단계에서는 부드러운 세안제를 사용하여 피부를 자극하지 않도록 주의해야 한다. 또한, 화장을 자주 하지 않거나 메이크업이 필요 없는 날에도 기초단계 제품과 자외선 차단제까지 발라주어 피부 건조를 유발하지 않는 것이 중요하다. 수면을 통한 휴식을 주어 피부가 숨을 쉬도록 해주는 것도 필요하다.

올바른 피부관리 루틴을 통해 더 나은 피부 상태로 피부에 영양을 공급하고, 자극을 최소화하여 건강한 피부를 유지해야 한다. 아울러 피부의 pH 균형을 유지하는 것이 중요하다. 이를 통해 피부에 자연스럽게 빛나는 아름다움을 찾아줄 수 있다.

건강한 피부의 유지를 위한 식단 및 생활 습관 조언

균형 잡힌 식단과 생활 습관은 피부 건강을 유지하고 개선하는 데에 중요한 역할을 한다. 피부 건강은 단순히 외부의 관리뿐만 아니라 내부적 영양과 관리가 필요하다. 건강한 생활 습관과 균형 잡힌 식단, 적절한 수면, 규칙적인 운동, 균형 잡힌 식단은 성형 수술보다 더 지속적이며 효과적인 아름다움의 비결이다.

성형이 아닌 내적 아름다움을 추구하며, 매력적인 피부는 단순히 외모를 꾸미는 것 이상의 의미를 지닌다. 건강한 피부는 자신감을 높이고 긍정적인 에너지를 품게 함으로써 좋은 일들을 끌어올릴 수 있는 열쇠가 될 것이다.

04

나의 첫인상은
3초만에 결정된다

일반적으로 첫인상은 3초 이내에 형성된다. 이는 매우 짧은 시간이지만 상대방에 대한 지속적인 인식을 크게 좌우할 수 있다. 그렇기에 외모뿐만 아니라 자세, 표정, 태도 등이 첫인상을 결정하는 데 중요한 역할을 한다.

첫인상이 중요한 이유는 최초의 느낌이 오랫동안 그 사람의 기억에 남기 때문이다. 특히 첫인상에서 시각적인 요소가 87%를 차지한다는 조사 결과가 있기도 하다. 매력적인 피부는 첫인상에서 상대방에게 호감을 주는 데 중요한 역할을 한다. 이는 피부가 사람의 외모적 매력을 결정짓는 중요한 요소 중 하나이기 때문이다. 따라서 첫인상에서 호감을 주는 피부는 건강하고 깨끗하며 화사한 피부일 것으로 예상된다.

피부가 우리에게 각별한 이유

피부는 우리 몸을 감싸는 기관으로 사람의 분위기와 아우라를 만들어 주는 데 큰 역할을 한다. 미국의 뇌 과학자 폴 앨런의 연구에 따르면, 사람들은 0.1초도 안 되는 아주 짧은 순간에 상대방에 대한 신뢰도와 호감도를 평가한다고 한다. 이러한 연구 결과는 외모가 첫인상을 결정하는 주요 요소 중 하나라는 점을 방증한다.

아름다운 피부는 개인의 브랜딩에도 큰 영향을 미친다. 왜냐하면 피부는 우리 몸을 감싸는 기관으로써 우리의 분위기를 연출하는 역할을 하기 때문이다.

그럼, 첫인상에서 상대방에게 호감을 주는 피부는 어떤 조건들을 갖추고 있을까? 사람들 의식 속에 자리 잡혀있는 매력적인 피부는 얼굴의 피부색이 밝고 균일하며 혈색이 좋아서 볼 쪽에 약간 분홍빛이 도는 경우를 말한다. 이러한 매력적인 피부를 좀 더 분석해 보면, 다음과 같은 조건을 만족하는 경우이다.

※ 1. 적당한 수분 유지한다.

매력적인 피부는 적당한 수분을 유지해야 한다. 수분을 유지하려면 당연히 물을 많이 마셔주고, 찬물을 섭취할 경우 체내 온도가 떨어져 소화 기능이 떨어지기 때문에 미지근한 물 또는 따뜻한 물을 섭취해 주는 것이 가장 바람직하다. 특히 환절기에는 신체가 기온 변화에 민감하기 때문에 체온 조절을 유지하기 위해 힘을 많이 사용하므로 카페인이나 탄산음료를 마실 경우 건조함이나 트러블을 유발할 수 있다. 따라서 최대한 자극적인 음료는 피해야 한다.

피부가 건조해지게 되면 민감하고 가려움증이나 발진 등의 문제가 발생할 수 있다. 물을 많이 마셔도 피부가 건조하다면 적절한 각질 제거와 영양 공급도 함께 해주어 피부 노화의 흔적인 주름을 예방할 수 있다.

물을 많이 마셔도 피부가 건조한 사람과 반대로 물을 많이 마시면 몸이 붓고 몸이 무거운 사람들을 볼 수 있는데, 그런 경우의 대부분은 혈액순환이 안 되고 신진대사가 원활하지 않으며, 신장, 방광 기능의 대사가 떨어지기 때문에 과도한 나트륨 섭취를 제한하고 수면 상태와 몸의 컨디션을 체크해 보아야 한다.

✱ 2. 맑고 깨끗한 피부

매력적인 피부는 맑고 깨끗하다. 흡연, 알코올, 불규칙한 식습관과 수면 패턴 등은 피부를 어둡고 탁한 상태로 만들 수 있다. 족욕, 반신욕, 운동 등으로 모공을 열고 땀을 흘러 몸에 쌓인 독소, 노폐물들을 배출하면 도움이 된다.

✱ 3. 적당한 탄력

매력적인 피부는 적당한 탄력을 가지고 있다. 탄력이 부족한 피부는 주름이 생기기 쉽고, 늘어난 상태로 나타날 수 있다. 유전적으로 탄력이 떨어지는 피부의 경우 규칙적인 클렌징, 세안 습관과 영양 흡수를 통해 각질 주기를 맞추어 피부가 늘어지지 않게 도움을 받을 수 있다.

✱ 4. 균형 잡힌 피부 톤

매력적인 피부는 균형 잡힌 피부 톤을 가지고 있다. 피부 톤이 불규칙하거나 어두운 부분이 있으면 피부가 지저분해 보일 수 있다. 몸의 순환이 되지 않으면 얼굴색이 붉거나 칙칙해질 수 있는데 우리 피부에 정기적인 수분과 영양을 공급해 피부의 균형을 잡아주고 먹는 것에서도 최대한 가공식품을 피하고 살아있는 음식을 먹는 것을 추천한다. 장이 건강해야 피부도 건강하다.

✱ 5. 화사하고 빛나는 피부

매력적인 피부는 화사하고 빛난다. 건강한 피부는 내부에서 빛을 발산하며, 이는 화사하고 빛나는 느낌을 준다. 나의 감정 상태와 건강, 수면 상태가 좋아지면 그로 인해 얼굴의 인상을 편안하게 만들어 화사하고 빛나는 피부를 만들 수 있다.

이러한 특징들을 가진 피부는 매력적이고 아름다운 피부로 평가될 수 있다.

잘생기고 예쁜 외모는 사람들에게 호감을 얻고 인기가 많다. 호감 있는 사람에게는 닫혔던 마음이 자연스럽게 열리게 된다. 호감 있는 외모를 가진 사람이 영업을 하게 되는 경우 쉽게 설득되곤 한다. 그 이유는 무엇일까?

잘생긴 외모는 시각적으로 매력적으로 인식되기 쉽다. 사람들은 첫인상에서 시각적인 외모에 대한 평가를 빠르게 내리기 때문에, 긍정적인 신뢰의 인상을 심어주게 된다.

매력적인, 호감 있는 첫인상을 만들기 위해서 딱 세 가지만 기억하라.

잘 씻고! 잘 자고! 잘 먹고!

단순하지만 정말로 중요하다.

매력적인 피부를 가진 사람이 성공할 확률이 높은 이유?

매력적인 피부란 무엇일까? 흔히 깨끗하고 맑은 피부를 매력적이라고 생각한다. 또한, 탄력 있고 건강한 피부도 매력적인 피부로 평가되고 있다.

매력적인 피부는 단순히 외적인 아름다움을 넘어, 자신감과 신뢰감을 주는 요소로 작용한다. 현대 사회에서 외모의 중요성은 이전보다 더욱 강조되고 있다. 사람들은 자신의 외모를 통해 자신감을 얻고 사회적인 인식을 형성한다. 이러한 외모의 중요성은 미디어와 사회적인 기대, 상업적 영향 등으로 인해 더욱 강조되고 있다. 그중에서도 피부는 외모의 중요한 요소 중 하나로 인식되며, 건강하고 매력적인 피부는 많은 사람들이 추구하는 아름다움의 기준이다.

하지만 매력적인 피부의 중요성은 단순히 외모의 아름다움뿐만 아니라 성공과의 관련성을 갖고 있다.

    피부의 외모적 측면은 우리의 외모와 인상을 형성하는 데 매우 중요한 역할을 한다. 아름다운 피부는 건강과 청초함을 상징하며, 매력적인 외모를 완성하는 핵심적인 요소이다.

✽ 첫 번째, 아름다움과 자신감

    매력적인 피부는 아름다움과 청초함을 나타내며, 자신감을 높여준다. 피부가 깨끗하고 매끈하며, 피부톤이 균등하고 밝을수록 사람들은 더욱 자신감을 얻을 수 있다.

✽ 두 번째, 인상과 사회적인 평가

    피부는 우리의 첫인상을 결정짓는 중요한 외모 요소 중 하나이다. 피부 상태가 좋을수록 사람들은 더욱 긍정적인 인상을 받을 가능성이 높아진다. 반면, 피부 문제가 있거나 피부 상태가 좋지 않을 경우 사회적인 평가에 악영향을 받을 수 있다.

✽ 세 번째, 미적인 아름다움과 외모 관리

    피부는 우리의 미적인 아름다움을 형성하는 중요한 요소이다. 매끈하고 윤기 있는 피부는 여성과 남성 모두에게 매력적으로 비치며, 따라서 외모 관리에 있어서 피부 관리는 매우 중요한 부분이다.

✽ 네 번째, 피부 건강과 노화 지연

    피부의 외모적인 측면은 피부의 건강과 밀접한 관련이 있다.

건강한 피부는 노화가 느리게 진행되며, 주름, 모공 확장, 색소 침착 등의 피부 문제가 적어진다. 따라서 피부의 외모적인 측면을 유지하기 위해서는 피부의 건강을 유지해야 한다.

매력적인 피부가 자신감을 높이고 긍정적인 인상을 심어준다는 연구 결과도 있다. 여러 연구들이 피부의 외모적인 측면과 자신감, 인상에 대한 상관관계를 조사하고 있으며 연구 결과들은 피부의 외모적인 측면이 자신감과 긍정적인 인상에 영향을 미친다는 점을 보여준다. 매력적인 피부는 자아존중감을 향상시키고, 긍정적인 인상을 심어줌으로써 사회적 성공과 웰빙에도 긍정적인 영향을 줄 수 있다. 따라서 우리는 피부의 외모적인 측면을 유지하기 위해서 적절한 피부 관리와 건강한 라이프스타일을 가져야 한다.

피부 건강과 자신감

나의 고객분 중 한 분의 에피소드를 이야기하자면, 항상 피곤함에 노출되어 있는 ○○○ 님께서는 수면 시간이 일정하지 않고 잠을 매일 늦게 자며, 자는 시간을 아까워하는 워커 홀릭이었다. 그런데 갑자기 연애를 하게 되어 1년 사이에 10kg 넘게 살이 찌면서 점점 자존감을 잃어갔다고 했다. 결혼을 해야하는데 남자 친구의 집안에서 얼굴보다 몸매를 중시한다고 했다. 뚱뚱하면 게으르다는 생각을 가지는 집안이었다. 그녀는 결혼을 위해서 다이어트를 하고 있음에도 불구하고 키는 165cm이며 살이 쪄서 68kg였는데, 8킬로를 감량한 후 살이 더 이상 빠지질 않고 얼굴의 안색도 좋지 않았으며, 턱 주위에 트러블이 자국이 자리 잡고 있었다. 식단관리도 하고 있었으며 운동도 하고 있음에도 불구하고 더 이상 살이 빠지지 않았다.

상담을 통해 많은 업무량 때문에 충분한 수면 시간을 확보하지 못해서 짧은 시간 내에 양질의 수면을 취할 수 있도록 도와드리며, 몸과 얼굴의 부기를 배출하는 데에 중점을 두고 루틴을 짜드렸다. 물론 트러블 자국을 재생시킬 수 있는 프로그램도 함께 케어를 진행하게 되었다. 결과적으로 4개월 동안 회복관리 기간을 가진 후 나머지 6kg를 더 감량할 수 있었고, 54kg을 끝으로 미루고 미루었던 결혼식을 올릴 수 있었다.

사회적인 편견의 존재와 영향력은 실재한다

현대 사회는 외모 중심의 사회로 발전했다. 이에 따라 외모 관련 요소 중 하나인 피부 상태가 사회적인 평가와 인상 형성에 큰 영향을 미치는 경우가 많다.

피부 상태에 따라 사람들은 편견을 가질 수 있다. 예를 들어, 여드름, 피부색 불균일성, 주근깨 등의 피부 문제가 있는 사람들은 외모에서 부정적 평가를 받을 수밖에 없는 것이다. 이러한 편견은 사회적인 평가, 직장 상황, 인간관계 등 다양한 면에서 영향을 미칠 수 있다.

피부 상태에 대한 편견은 해당 개인의 자아존중감과 자신감을 저하시킬 수 있다. 외모적인 결함을 가진 사람들은 사회적인 비판과 비하에 노출될 가능성이 높아지며, 이는 자신감을 떨어뜨리고 정서적인 스트레스를 유발할 수 있다.

피부의 외모적 측면은 우리의 인상과 자신감을 형성하는 데 큰 영향을 미치며, 아름다움을 나타내는 중요한 요소이다. 따라서 피부의 외모적인 측면을 유지하기 위해서는 적절한 피부 관리와 건강한 라이프스타일을 유지하는 것이 필요하다.

매력적인 피부는 성공을 위한 필수 조건은 아니다. 하지만, 매력적인 피부를 가진 사람이 성공할 확률이 높다는 것은 분명하다.

매력적인 피부를 가꾸기 위해서는 올바른 생활 습관과 적절한 피부 관리를 실천하는 것이 중요하다는 것을 기억하자.

06

피부의 계급이
높아야 하는 이유

　피부의 계급은 표면적으로 사실 존재하지 않는다. 하지만 피부를 보면 그 사람의 사회적인 위치와 배경을 느낄 수 있다. 예를 들어, 맑고 윤택한 피부를 가지고 있는 사람을 보게 되면 어떤 생각이 드는가? 어느 정도의 자기 관리를 할 수 있는 경제적인 능력을 갖추고 있다고 보인다. 정말로 인정하기는 싫지만 피부가 건조하고 얼굴이 푸석하고 인상이 흐리멍텅한 사람을 보면 어떤 생각이 드는가? 먹고 사는 데 바빠서 남의 시선을 신경 쓰지 못 한다는 생각을 하게 된다. 얼굴만 보고 있어도 기분이 좋아지는 매력적인 사람들을 보면 '샵이나 병원에서 정기적으로 케어를 받거나 아니면 스스로 자기관리를 철저히 하는구나'라는 생각이 분명히 들 것이다. 그럼, 피부의 계급이 높은 것은 왜 중요할까?

❋ 첫 번째, 자아 만족과 자신감

피부의 계급이 높을수록 피부 상태가 좋고 건강하다는 것을 의미한다. 이는 자아 만족과 자신감을 높여준다. 좋은 피부 상태는 외모에 대한 자신감을 높이고 긍정적인 자아 이미지를 형성하는 데 도움을 준다. 또한 나 스스로가 만족감을 느끼기 때문에 자존감도 올라간다.

❋ 두 번째, 사회적 인식과 인상

피부는 사회적 상호작용에서 중요한 역할을 한다. 사회적인 계급이 높을수록 피부 상태가 좋아 보이며, 이는 다른 사람들에게 긍정적인 인상을 주는 요소가 된다. 피부가 건강하고 아름다워 보이면 사회적으로 더욱 긍정적으로 인식될 가능성이 높아진다.

❋ 세 번째, 건강과 노화 지연

사회적 계급이 높을수록 피부의 건강을 유지할 수 있다. 전문적인 피부 관리를 통해 피부에 필요한 영양과 수분을 공급하고 체계적인 관리를 통해 피부를 보호할 수 있다. 이는 피부의 노화를 지연시키고 건강한 상태를 유지하는 데 도움을 준다.

❋ 네 번째, 피부 질환 예방

피부의 계급이 높은 사람일수록 피부 질환의 발생 가능성이 낮아진다. 올바른 피부 관리를 통해 피부를 청결하게 유지하고, 자외선 차단을 통해 피부를 보호하며, 적절한 보습을 유지하는 등의 습관을 지님으로써 여드름, 피부염, 건조 등의 피부 문제를 예방할 수 있다.

✱ 다섯째, 아름다움과 자연스러움

피부의 계급이 높은 사람일수록 피부의 아름다움을 강조할 수 있다. 건강하고 균형 잡힌 피부는 자연스럽고 매력적으로 보인다. 또한 사회적인 계급이 높은 사람일수록 피부 톤이 밝고, 피부결이 고우며 자신의 아름다움을 더욱 돋보이게 한다.

피부는 크게 건강, 미용, 사회생활 등 세 가지 측면에서도 영향을 미친다.

피부는 인체의 가장 큰 장기이며, 외부 자극으로부터 몸을 보호하는 중요한 역할을 한다. 피부의 계급이 높은 사람은 피부의 보호막 기능이 뛰어나 외부 자극에 대한 저항력이 강하다. 따라서 피부 질환에 걸릴 위험이 낮다. 그리고 피부는 우리 몸의 건강 상태를 나타내는 거울이기도 하다. 건강한 사람들을 보면 피부가 맑고 촉촉하며 탄력이 있다. 반면에 아토피가 있거나 트러블이 있는 사람들 대부분은 생각보다 몸의 염증 수치가 높으며 불규칙한 생활과 식습관을 가지고 있다.

피부는 사회적인 계급에도 중요한 영향을 미친다. 사회적인 계급이 높은 사람은 탄력 있고 매끄러운 피부를 유지한다. 이는 경제활동을 하면서 사람들을 만나는 데 있어 자기관리를 통해 상대방에게 호감을 사게 되면 돈을 버는 데 있어서 유리하다는 원리를 알고 있기 때문이다. 매력적 피부는 외모에 대한 자신감을 높이고, 사회생활에서 더 좋은 인상을 주게 되며 사회적인 계급을 올리는 데 있어서 큰 비중을 차지한다.

피부 상태가 좋으면 자신감이 향상되고, 사회생활에서 더 좋은 기회를 얻을 수 있다. 예를 들어, 면접이나 출장 등 중요한 자리에서 매력적인 피부는 좋은 인상을 줄 수 있다. 사람들에게 호감을 느끼게 만들며 인기를 얻게 된다. 그렇게 되면 모든 환경이 호의적으로 바뀌게 되기 때문이다.

예를 들면, A와 B 두 사람이 둘 다 친절하며 일 처리나 업무의 능력이 같다고 가정해 보자. 매력적인 피부를 가진 사람과 자기 관리를 안 하며 얼굴의 피부가 좋지 않은 사람 둘 중 어떤 사람이 사회적인 평가가 좋을까? A가 훨씬 평가를 좋게 받는다. 미안하지만 그것이 진짜 현실이다.

우리는 피부의 계급을 높이기 위해서 생활 습관 개선, 화장품 사용, 피부 관리 등 다양한 방법을 통해 노력해야 한다.

✱ 생활 습관 개선

피부의 건강을 위해서는 충분한 수면, 규칙적인 운동, 균형 잡힌 식단 등이 중요하다. 충분한 수면을 취하면 피부 세포의 재생이 촉진되고, 탄력이 향상된다. 규칙적인 운동은 혈액순환을 개선하고, 노폐물 배출을 촉진하여 피부 건강에 도움이 된다. 균형 잡힌 식단은 피부에 필요한 영양소를 공급하여 피부 건강을 유지하는 데 도움이 된다.

✱ 화장품 사용

피부 상태에 맞는 화장품을 사용하면 피부 건강과 미용을 개선하는 데 도움이 된다. 화장품을 사용할 때는 피부 타입을 고려하여 선택하고, 나의 피부 컨디션에 따라 적절한 사용법을 준수하는 것이 중요하다.

✽ 피부 관리

세안, 보습, 자외선 차단 등 기본적인 피부 관리를 꾸준히 하는 것도 피부의 계급을 높이는 데 도움이 된다. 세안은 피부 표면의 노폐물과 땀을 제거하여 피부를 깨끗하게 유지하는 데 중요하다. 보습은 피부의 수분을 유지하여 피부 탄력을 높이는 데 도움이 된다. 자외선 차단은 피부를 자외선으로부터 보호하여 피부 노화를 예방하는 데 도움이 된다.

피부의 계급이 곧 사회적인 계급이라고 해도 과언이 아니다. 피부의 계급은 자신의 노력 여부에 따라 얼마든지 높일 수 있다. 따라서 피부의 건강과 미용을 위해 꾸준한 노력을 기울여야 한다. 물론 피부에 비용을 많이 투자하는 것이 답이라는 말이 아니다. 나의 피부 상태를 스스로가 인식하고 거기에 맞는 루틴과 환경을 설정하라는 것이다. 성공하고 싶으면 성공의 법칙을 배우는 것처럼 피부도 건강하고 매력적으로 가꾸는 데에 시간과 노력을 투자해서 자기 자신의 매력 자본을 만들어라. 매력적인 피부가 곧 나의 인적 자산이다.

피부가 바뀌면 인상이 변하고
인상이 바뀌면 인생이 변한다

피부는 우리의 외모에서 가장 눈에 띄는 부분 중 하나이다. 피부 상태가 좋고 건강하면 청순하고 매력적인 인상을 줄 수 있다. 이러한 외모의 변화는 우리의 인상을 크게 좌우하고, 결과적으로 인생에도 큰 영향을 미친다. 피부는 우리의 건강 상태를 반영하는 거울이며, 다른 사람에게 첫눈에 남는 중요한 인상 요소이다. 피부의 변화가 어떻게 우리의 인상과 인생에 영향을 미치는지 살펴보자.

피부와 인상의 관계

피부는 우리의 외모에서 가장 눈에 띄는 부분 중 하나이다. 피부 상태가 좋고 건강하면 청순하고 매력적인 인상을 줄 수 있다. 하지만 피부에 여러 가지 문제가 생기면 인상이 부정적으로 변할 수 있다. 예를 들어, 여드름, 주근깨, 피부색의 불균일함 등은 자신감을 떨어뜨리고 인상을 부정적으로 보일 수 있다.

✱ 피부의 건강과 외모와 인상
- 피부가 건강하고 빛나면, 이는 좋은 건강 상태를 시사하며 긍정적인 외모 인상을 주게 된다.
- 피부의 탄력, 촉촉함, 피부톤 등이 외모와 인상에 큰 영향을 차지한다.

✱ 외모와 인상이 인생에 미치는 영향
- 사회적 상호작용에서 외모는 중요한 역할을 한다. 좋은 외모와 인상은 대인 관계, 직업, 사회적 성공 등 다양한 측면에서 긍정적인 영향을 가져 올 수 있다.
- 자신감을 높이고, 타인의 긍정적인 반응을 얻을 수 있어 인생의 다양한 영역에서 성공적인 경험을 할 수 있다.

✱ 피부 변화와 자기 케어의 중요성

피부는 환경, 습관, 건강 상태 등에 따라 변화할 수 있다. 유전적인 기질도 환경이 바뀌면 어느 정도 바뀔 수 있다. 많은 고객을 케어하면서 한 가지 사례를 들자면, 한 고객 중 엄마의 체형을 닮아 턱이 주걱턱인 사례가 있었다. 자세가 좋지 않았으며 이것저것 운동도 하고 다른 곳에서 관리도 받았지만, 턱뼈가 도드라지게 나오고 양턱에 트러블이 있었는데, 화농성 여드름을 갖고 있었다. 업무의 환경도 오래 앉아있는 환경에 있던 분이라 하체 쪽으로 순환이 되지 않았었다. 트러블의 근본적인 원인은 하체 혈액순환에서 좋지 않았기 때문에 발이 차고 항상 얼굴에만 열이 올라왔으며 골반은 안으로 말려 있었다. 거기에 맞는 적절한 케어와 효과를 유지할 수 있는 운동 요법과 혈액순환을 도와주는 반신욕을 추천해 드렸고, 얼굴에 열감을 낮추어주는 클렌저 사용을 권했다. 3개월 정도 기간을 두고 케어한 결과 몰라보게 좋은 결과를 가질 수 있었다.

그 이외에도 부모님께 물려받은 광대뼈 때문에 항상 콤플렉스였던 사례도 있었으며, 목에 긴장감이 많고 짧고 굵은 목 때문에 사각턱을 갖고 계신 케이스의 사람들도 만났었다. 근본적인 원인을 찾아 생활 환경과 습관, 그리고 영양가 있고 균형 잡힌 식단을 스스로 할 수 있게 바꿔줌으로써 긍정적인 형태의 인상과 외모 피부를 가질 수 있게 되었다.

인상의 변화와 인생의 영향

인상은 우리가 사회적인 상호작용을 할 때 중요한 역할을 한다. 피부가 아름답고 건강하다면 긍정적인 인상을 주어 사람들과의 관계를 원활하게 유지할 수 있다. 반대로, 피부가 나쁜 상태라면 자신감이 흔들리고 사회적으로 배제될 수 있다. 이는 취업이나 대인관계 등 인생의 여러 측면에 영향을 차지한다.

✽ 피부 변화와 자아 이미지

피부의 변화는 우리의 자아 이미지에도 영향을 미친다. 피부가 좋은 상태일 때는 자신을 사랑하고 자신감을 가질 수 있다.

하지만 피부에 문제가 생기면 자아 이미지가 흔들리고 자신에 대한 부정적인 생각이 생길 수 있다. 이는 우리의 행동과 태도에도 영향을 미쳐 인생의 질을 저하시킬 수 있다.

피부는 우리의 인상과 인생에 큰 영향을 미치는 중요한 요소이다. 피부가 바뀌면 우리의 인상이 변하고, 이는 우리의 인생에도 영향을 미칠 수 있다. 따라서 피부 관리에 신경을 쓰고, 피부 문제가 생기면 적절한 관리와 치료를 통해 건강하고 아름다운 상태를 유지하는 것이 중요하다. 이는 자신감을 향상하고 긍정적인 인생을 살아갈 수 있는 기반이 될 것이다.

Chapter.2

'퍼스널 브랜딩 피부'가
당신의 피부를 바꾼다

01

매력적인 피부를 가지기 위한 자존감을 올리는 5가지 법칙

현대사회는 살아가면서 먹고 사는 데 바쁘기 때문에 자기 외모나 건강에 신경을 쓰지 못하는 경우가 많다. 이로 인해 많은 사람이 자신의 자존감을 잃게 되는데, 특히 온라인과 오프라인의 경계가 무너진 미디어 시대에 살고 있는 우리는 주변에서 완벽한 사람들만 보이는 것처럼 느낄 때가 많다.

옛날에는 돈을 많이 벌어 돈을 차곡차곡 모으며 부자가 되는 것이 당연했지만, 현대인들은 모은 돈만으로는 자기 행복과 만족을 찾기 어렵다는 것을 깨달았다. 온라인과 오프라인의 경계가 무너진 미디어 시대에 살고 있는 우리는 인스타그램 틱톡만 봐도 다 잘 먹고 잘살고 다 이쁘고 다 연예인 같다. 내 자존감은 도대체 어디에 있는지도 모르고 살아간다. 지금은 자기 자신에게 투자해서 돈을 버는 시대이다. 이제는 자신에게 투자하고 자존감을 높여 더 큰 성공을 이루는 것이 더 중요하다고 생각된다.

✽ 나의 자존감은 나의 피부에서부터 시작된다

우리의 피부는 자존감을 나타내는 중요한 지표 중 하나이다. 피부가 건강하고 윤기 있을수록 자신을 사랑하고 존중하는 마음이 높아지게 된다. 고객 상담을 통해 피부가 좋지 않은 사람들을 만났을 때 느낀 점은 대부분 자존감이 낮은 경향이 있다는 것을 알 수 있었다.

자존감이 높은 사람들은 자신에게 투자하는 부분이 많다. 스스로의 컨디션을 조절하고 신선하고 영양가 있는 음식을 먹거나 스스로를 즐기는 활동을 함께하는 것이 그 예시이다.

우리 피부는 나의 자존감을 나타내는 지표이다. 자존감이란 스스로 품위를 지키고 자기를 존중하는 마음이다. 고객들을 상담하다 보면 피부가 윤택하지 않고 푸석하고 낯빛이 좋지 않은 사람들을 보면 자존감이 현저히 낮을 것을 볼 수 있었다. 당연하다 자기 자신을 그만큼 사랑하지 않거나 그럴 마음의 여유가 없기 때문에 피부가 좋아지지 않을 수밖에, 자존감이 높고 성공한 사람들을 관찰하면 힘들게 일한 만큼 자신에게 스스로 보상하고 투자하는 모습을 볼 수 있었다. 꼭 비싼 음식보다는 신선한 음식을 먹고 화장품도 아무거나 바르지 않는다. 최대한 간편하며 기능적인 화장품을 선호한다.

피부관리전 기본적으로 알아야 할 자존감을 올리는 5가지 법칙

✽ 첫 번째, 지금 현재 내 주위의 사람 환경을 점검해 보자

화목한 가정에서 사랑을 받을수록 자존감은 높아진다. 나에게 부정적인 언어나 막말하는 가족구성원과 최대한 거리를 두는 것이 좋다. 말이 씨가 된다고 했다. 부정적인 말을 내뱉는 사람은 최대한 멀리해라.

✱ 두 번째, 사람을 가려서 사귈수록 내 자존감은 높아진다

나 자신에게 긍정적인 영향을 끼치는 도움 되는 사람을 만나라. 과거에 친했다고 해서 현재까지 친분을 유지할 의무는 없다. 사람은 시간이 지나면 가치관이나 취향이 바뀔 수 있다. 어릴 때는 참 잘 맞았는데 시간이 지나면, 환경이 바뀌면 공감대가 달라지기도 한다. 인연을 억지로 붙들고 있을 필요는 없다. 생각과 사고는 계속 바뀌기 때문에 그때마다 주위 사람들이 바뀌는 것이 당연하다.

✱ 세 번째, 자신에게 투자해라

아름다운 피부 그리고 몸매와 체형을 가질수록 내 자존감은 올라간다. 사람들의 선망 대상이 되기도 하고 보고만 있어도 기분이 좋아지기도 한다. 아름다운 피부, 몸매와 체형은 경쟁력이 되기도 한다. 시간과 돈을 투자하는 것이 바람직하다.

무조건 돈과 시간을 쓰라는 이야기가 아니다 문제가 있으면 크로스체크는 필수이다. 예를 들어 당신이 아름다운 몸매를 만들고 싶다면 먼저 살을 뺄 것인가 아니면 아름다운 몸의 선을 만들고 싶은가를 체크해봐야 한다. 살을 빼고 싶다면 먼저 해야 할 일은 식단 조절이다. 내가 살이 찌게 된 원인 분석을 한 다음 원인을 만든 음식을 제한해야 한다. 제한하지 못한다면 양을 조절하거나 먹는 속도, 시간을 조절해야 한다.

✱ 네 번째, 나 스스로에게 집중해라

내 인생의 우선순위는 나 자신이다. 나 스스로에게 집중할 때 자존감은 현저히 높아진다. 예컨대, 거울을 매일 아침, 점심, 저녁 3번은 꼭 보자. 일명 카메라 마사지라고 들어 보았는가? 유명한 연예인들이 계속 예뻐질 수밖에 없는 이유는 물론 카메라 마사지의 덕을 톡톡히 보는 것도 있지만, 잘 살펴보면 거울이나 카메라를 자주 마주하기 때문이다. 자기 스스로에게 집중하며 거울을 계속 보게 된다면 나의 결점들이 더 자세하고 명확하게 객관적으로 보일 것이다.

✱ 다섯 번째, 남과 비교하지 마라

남은 나와 다른 존재이다. 남과 비교하는 순간 자존감이 떨어질 수밖에…. 내가 송혜교가 될 수는 없는데 비교하지 말고 방법을 찾아라! 외모를 결정짓는 데에 70%는 피부가 차지한다.

아무리 명품을 바르고 착용해도 피부가 좋은 사람과 비교가 될까? 피부만 좋아져도 내 외모가 달라지는 데 큰 변화가 찾아온다. 맑고 투명한 피부는 나이도 속일 수 있다. 3,000원짜리 티셔츠를 입고 셔츠를 입고 있어도 피부가 좋다면 그 티셔츠는 명품처럼 보일 것이다. 퍼스널 브랜딩 피부 방법은 아주 심플하다. 하지만 열심히 하는 것보다 반복적인 습관이 중요하다. 이 부분은 우리가 성공하는 습관과 유사한 패턴을 가지고 있다.

자존감을 올리면 나의 매력이 되고 무기가 된다

많은 고객을 만나면서 스스로의 좋지 않은 피부 때문에 자존감이 현저히 내려간 분들을 많이 만나게 되고, 그만큼 그 이후 관리를 통해서 자존감을 회복한 경우도 많이 접하게 된다. 스스로의 피부에 자신감이 생기면 미소도 아름다워진다. 그렇게 되면 사람이 매력적으로 보이게 된다. 즉 나 자신의 매력적인 피부와 인상은 곧 나의 자존감 상승으로 이어지는 것이다.

피부관리에 앞서 뇌를 먼저 관리해야 한다

현대 사회에서는 피부와 건강에 대한 관심이 항상 높다. 특히 피부 관리나 피로 해소와 같은 건강에 관한 정보를 얻기 위해 많은 사람들이 인터넷이나 유튜브를 통해 검색한다. 피부가 더 좋아지는 관리법 혹은 피로 해소법 등을 실천하는 사람들은 과연 몇이나 될까? 아마도 얻은 정보를 실제로 실천하는 사람은 그리 많지 않을 것이다.

많은 사람들이 좋은 피부와 건강한 몸매를 원하지만, 실제로는 그러한 목표를 이루기 위해 실제로 노력은 하지 않는 경우가 많다. 다음 주나 다음 달부터 시작하겠다는 다짐을 하지만, 실제로는 계속해서 미루게 되는 이유는 자신이 그 목표를 왜 원하는지 명확히 이해하지 못하기 때문이다.

남들의 시선이나 외부의 압력에 휩쓸리지 않고, 자기 자신이 원하는 삶을 살기 위해선 내적 동기와 목표가 필요하다. 이를 위해 우리는 뇌를 관리하고, 도파민을 조절하여 자신의 목표를 달성해야 한다. 마음이 편안하고 행복한 상태가 되면 뇌와 호르몬이 바뀌면서 우리 피부가 건강하고 좋아지는 속도는 훨씬 빨라진다. 이에 따라, 건강한 삶의 방향을 설정하고 뇌에서 좋은 습관을 통하여 건강한 도파민이 분비될 수 있는 환경을 조성하는 것이 중요하다.

건강한 도파민을 내 편으로 만드는 4가지 방법

✽ 첫 번째, 귀로 도파민 스위치를 켜라
- 심신을 편안하게 하는 자연에서 나오는 음악을 통한 명상하기
- 활력을 가질 수 있는 동기부여 영상을 보고 듣기
- 기분이 우울할 때 내가 좋아하는 장르의 음악을 듣는다.

✽ 두 번째, 배출로 몸을 비우고 정화시켜라
- 규칙적이지만 쉽게 할 수 있는 운동으로 땀 흘리기
- 족욕이나 반신욕을 통해 땀을 흘리기
- 청소를 통해 머릿속을 정리하기
- 땀 흘리며 하는 청소로 머릿속이 더욱 잘 정리된다.

✽ 세 번째, 뇌의 양식을 쌓아라
- 자기계발서를 읽고 내 삶에 바로 적용시키기

* **네 번째, 먹는 것으로 자신의 에너지를 관리해라**
  - 살아있는 양질의 음식 먹기
  - 신선한 음식 먹기

그리고 나의 매력적인 피부를 위한 지식을 습득하고, 양질의 수면을 취하는 것 이 중요하다.

먹는 것들로 인해 뇌가 편안해지고 행복하면 뇌와 호르몬이 바뀌면서 우리 피부가 건강하고 좋아지는 속도가 급격하게 빨라진다.

나를 만난 많은 고객들을 보면 뇌 건강이 좋지 못한 사람들은 대체로 마음에 부정적 생각이 있는 사람들이 많고 교감신경이 극도로 활성화되어 신진대사가 좋지 않으며, 그런 사람들은 좋은 제품, 좋은 음식을 똑같이 먹고 바르는데도 효과가 떨어지는 현상을 많이 체감하게 되었다. 한마디로 마음이 편안하고 좋아야 인상이 좋아지고 얼굴의 표정이 환해지면서 광채나 아우라가 더 확연하게, 많이 생기는 것이다.

바빠서 자기관리할 시간이 없다는 생각이 든다면 체크리스트를 만들어 우선순위를 정하여 실행해야 한다. 먹고 살기도 바쁜데 시간이 없다면 오늘 할 일을 쭉 적은 후 체크리스트 만들어 반드시 해야 하는 일 3가지를 적는다. '당장 해야 하는 일', '계속 해야 하는 일', '그때 반짝 해야 하는 일', 3가지가 넘는다면 최대 10가지까지만 적고 먼저 우선순위를 정한다. 그렇게 되면 시간 관리에 매우 큰 도움이 된다. 시간관리가 조금 되고 있다면 그때부터 실천하면 된다. 이를 통해 시간을 효율적으로 관리하고, 자신의 목표와 동기를 명확히 한 다음, 즐겁게 목표를 이루어 나가는 것이 중요하다.

피부가 좋아지려면 나의 행동과 습관의 패러다임을 바꿔야 한다

한 사람이 살아온 인생을 대변하는 것이 피부라고 해도 과언이 아니다. 나는 5,000명 이상의 사람들을 상담하면서 느꼈던 점은, 사람은 크게 두 부류로 나뉘는데, 자기 자신의 몸을 아끼는 사람과 아끼지 않는 사람의 차이, 이 미세한 차이가 본인의 피부를 만드는 것임을 느꼈다.

자기 자신을 아끼는 사람은 먹는 것부터가 다르다. 살아있는 음식을 먹고 기본적인 영양 상태가 아주 양호하다. 화장품도 아무거나 바르지 않는다. 물론 비싼 화장품을 무조건 바른다는 것은 아니다. 자기 자신이 필요한 영양 상태를 스스로가 파악하고 있다는 것이다. 자기 몸을 아끼지 않는 사람은 자극적인 음식을 먹거나 인스턴트 음식을 자주 먹는다. 바르는 것도 고려하지 않고 그냥 바른다. 씻는 것 또한 매우 게으르다. 모든 것들이 의욕적이지를 못하다.

물론 부모님께 좋은 유전자를 물려받은 사람들은 좀 더 쉽게 피부가 좋아질 수 있다. 이미 건강한 세포가 만들어지는 습관과 환경에서 살아왔고 사람은 그 환경에 적응하는 동물이기 때문이다. 그렇다고 좋은 유전자를 물려받지 못했다고 해서 매력적이고 아름다운 피부를 포기할 필요는 없다. 지금부터라도 나의 행동과 습관의 패러다임을 바꿀 수 있는 방법을 진지하게 알아가면 된다.

그 방법을 배우기 전에 꼭 알아야 할 것들
※ 나의 행동과 습관의 패러다임 바꾸는 6단계

- 동기(내 스스로가 행동하고자 하는 욕구)
- 목적(목표설정)
- 의지(행동을 할 수 있는 잠재력)
- 방법론(인터넷 및 영상 검색하기, 전문가에게 상담하기)
- 실천(생각한 방법을 행동으로 하기)
- 기간 설정하기

먼저 내가 무엇을 위해서 피부가 좋아지려고 하는지 알아야 한다. 내가 원하는 것이 무엇인지 어떻게 바뀌고 싶은지 정해야 한다. 사람들은 실제로 본인이 무엇을 원하는지 진정 모르는 경우가 많다. 목적을 가지고 목표 설정이 꼭 필요하다. 이것을 통해 동기가 만들어진다. 동기는 나 스스로가 행동하고자 하는 욕구이다. 욕구가 생겨야 행동을 할 수 있는 잠재력이 생긴다. 피부가 좋아지고 싶은 동기가 있을 것이다.

그다음 해야 할 일은 방법에 대한 가설을 세우는 과정이다

✱ 1. 동기(나 스스로가 행동하고자 하는 욕구)

먼저 나의 상황에 대한 가설을 세워보자. 예를 들면, 취업이라는 목적이 생겼을 때, 이 목적은 행동의 동기가 된다. 취업을 목표로 합격하려면 나 스스로를 외모적으로 관리해야 한다는 필요성을 느낄 것이다. 그럼 어떤 부분이 부족한지 찾게 되고 해야겠다는 의지가 발휘된다. 즉, 스스로 행동할 수 있는 동기가 부여된다.

✱ 2. 목적(목표설정)

피부에 대한 근본적인 원인을 분석해 보자. 현재 나의 피부 상태를 적어본다. 예를 들면, 얼굴 낯빛이 고르지 못하다. 화장을 하면 얼굴이 항상 뜬다. 항상 화장하는 것보다 맨얼굴이 더 자연스럽다는 말을 듣는다. 그럼, 안색을 좋게 만들어야겠다는 목적이 생긴다. 안색을 좋게 만들어야겠다는 필요성을 느끼게 되면 이를 위한 의지가 발휘된다. 그럼, 방법에 대해 생각하게 된다. 방법을 알게 되면 스스로가 행동하게 되는 것이다.

주의할 점은, 기간을 정해서 하는 것이 좋다. 기간이 없게 되면 작심삼일이 되기 때문에 짧게는 1주 이상을 해야 나한테 맞는 방법이 만들어지고, 2주가 지나야 습관이 조금씩 형성된다. 우리가 운동을 시작할 때와 마찬가지이다.

다음으로 안색을 좋게 만들기 위한 방법론에 대해서 조금 깊이 들어가 보자.

피부의 안색을 맑게 하는 방법은 다음과 같다
✱ 건강한 식단 섭취하기

채소, 과일, 통곡물, 견과류, 씨앗 등을 섭취하고, 가공식품과 설탕 섭취를 줄인다. 이러한 음식들은 피부에 필요한 영양소를 제공하여, 피부를 건강하고 맑게 유지하는 데 도움이 된다. 건강한 식단은 혈관을 깨끗하게 하여 피부의 안색을 맑게 해준다.

✱ 충분한 수분을 섭취하기

하루에 8잔 이상의 물을 마신다. 수분은 피부를 촉촉하게 유지하고, 노폐물 배출을 돕는다. 체질마다 조금씩 다를 수 있지만 최소 1리터는 마시는 것이 좋다. 한꺼번에 많이 먹는 것보다는 조금씩 자주 마시는 것이 피부에 도움이 된다.

✱ 규칙적으로 운동하기

운동은 혈액 순환을 개선하고, 피부 노화를 예방하는 데 도움이 된다. 따로 시간을 내서 운동하는 것도 좋지만, 반복으로 짧게 횟수를 여러 번 하는 것이 더 도움이 될 수 있다. 한 시간 동안 일을 한다면 5분~10분 정도로 움직이는 휴식(스트레칭)을 해준다.

여기서 핵심은 호흡이다. 스트레칭을 할 때 준비동작에 들이마셔 주며 근육을 이완하려 할 때 호흡을 내쉬어 준다.

❋ 스트레스를 관리하기

스트레스는 피부 건강에 악영향을 미칠 수 있다. 스트레스를 관리하기 위해 명상, 요가, 휴식 등의 방법이 있다.

❋ 충분한 수면 취하기

수면은 피부 세포의 회복과 재생을 돕는다. 이상적인 수면 시간은 하루에 7~8시간이다. 이 시간을 지킬 수 없다면 짧은 시간에 숙면을 취하는 것이 중요하다. 숙면을 위해서 따뜻한 허브차 또는 반신욕이 교감신경을 이완시켜 주어 숙면에 도움을 줄 수 있다.

❋ 피부에 씻고 바르기

꼼꼼하게 이중 세안 클렌징으로 모공 깨끗이 해준다. 외출 시에는 자외선 차단 지수(SPF) 30 이상, 자외선 A 차단 지수(PA)+++ 이상의 자외선 차단제 바르고 최소 3~5시간이 지나면 제품이 날아가기 때문에 덧발라 줘야 한다. 기초 화장품 사용 시 제품 흡수 시간을 고려해 간격을 두고 발라주어 충분히 흡수되게 한다.

❋ 주기적으로 피부 관리받기

피부 관리는 피부 노화를 예방하고, 맑은 피부를 유지하는 데 도움이 된다. 전문적인 피부 관리를 받을 수 없다면 충분히 집에서도 피부관리가 가능하다. 그리고 방법에 대한 부분을 세분화한다. 먼저 일주일 동안만 3가지 정도로 세분화해 실천해 본다.

❋ EX)

- 건강한 식단 섭취하기 : 제철 과일 하루에 한 번 먹기, 나쁜 야식 말고 건강한 간식 먹기, 식전 야채 스틱 먹기
- 충분한 수분을 섭취하기 : 하루에 1L 이상 마시기, 아침 공복에 미온수 또는 상온의 물 먹기, 배고플 때 가짜 배고픔 구분하기 위해서 물 한 잔 먼저 먹어보기
- 규칙적으로 운동하기 : 1시간 중에서 5분에서 10분 정도 움직이는 휴식 취하기, 자고 일어났을 때 5~10분 정도 잠을 깨면서 누워서 골반 스트레칭하기, 누워있을 때 몸을 크로스로 스트레칭하기
- 피부에 씻고 바르기 : 쇄골 선부터 얼굴까지 클렌징 하기, 이중 세안으로 클렌징 할 때 충분한 시간 두고 세안하기, 화장하기 전 보습을 충분히 해주어 얼굴 열을 내리고 뽀송한 상태에서 화장하기
- 주기적으로 피부 관리하기 : 마사지 도구나 기기로 셀프 관리하기, 내 피부가 어떤지 전문가한테 상담 받아보기, 1일 1팩 하기(팩하고 물로 가볍게 헹구거나 일회용 해면으로 모공 속 붙어있는 묵은 각질 또는 노폐물 가볍게 닦고 약간의 보습을 위한 제품 바르고 자기)

일주일 동안 실천해 보고 좀 더 효율적인 방법을 조금씩 찾아가면 된다. 실천해 보는 사람만이 거기에 따른 보상을 받는다. 세상에 정보는 넘쳐 흐른다. 하지만 사람마다 피부 타입과 체질이 다르기 때문에 자신한테 맞는 방법을 찾는 데는 시간이 오래

걸릴 수 있다. 집에서 셀프 관리를 하려고 마음을 먹었다면 어느 정도 피부 상담을 받아 본 다음 나에게 맞는 셀프 관리를 하는 것을 추천한다.

04

부정적 마음의 상태가
피부를 병들게 한다

스트레스

피부는 마음의 상태를 담는 거울이라는 말이 있다. 이 말은 마음과 피부의 연관성을 강조하는 표현 중 하나이다. 마음의 스트레스와 긴장은 피부에 영향을 미칠 수 있다.

스트레스는 마음의 부정이다. 이 부정은 스트레스로 발현되며 스트레스 상태에서는 스트레스 호르몬인 코르티솔이 증가하게 된다. 과도한 코르티솔 분비는 피부의 유분 분비를 촉진하고 과도한 유분으로 모공이 막히며 염증을 유발한다. 그로 인해 여드름이나 피부 염증이 발생할 수 있다.

| **"스트레스로 인해 분노가 치밀다"라는 말을 들어봤는가?**

마음에 부정이 스트레스로 바뀌며 과도한 스트레스는 분노로도 발현된다. 그 분노는 심장을 요동치게도 만든다. 그렇게 되었

을 때 우리 몸의 혈액순환에도 변화가 생길 수 있다.

혈액순환이 감소하면 피부에 산소와 영양분이 충분히 공급되지 않을 수 있어 혈색과 피부 톤이 나빠져 어두워지고 건조해질 수 있다. 또한 자가면역 시스템에도 영향을 미친다. 과도한 스트레스는 자가면역 질환의 발병을 촉진할 수 있으며, 이는 피부 상태에도 영향을 미칠 수 있다.

자가면역 시스템은 우리 몸을 외부의 병원균, 이상 세포, 이물질 등으로부터 보호하는 생체 방어 시스템이다. 이 시스템은 외부로부터 들어온 병원균과 자체 세포를 구별하고, 이에 대한 방어 및 제거를 수행하여 우리 몸을 건강하게 유지하는 역할을 한다.

자가면역 시스템은 주로 다음과 같은 주요 구성 요소로 이루어져 있다

- 백혈구(White Blood Cells) : 주로 T 세포와 B 세포로 나뉘며, 이들은 각각 세포막의 파괴나 특정 병원균에 반응하여 항체를 생성하는 역할을 한다.
- 항체(Antibodies) : B 세포가 병원균에 반응하여 생성하는 단백질로, 병원균을 식별하고 중화시키는 역할을 한다.
- 조직 및 장기 : 피부, 신장, 간, 비장 등 다양한 조직과 장기가 자기면역 시스템에 참여하여 몸을 보호한다.

자가면역 시스템이 원활하게 작동하면 외부로부터의 침입자나 이상 세포를 신속하게 식별하고 제거하여 감염이나 질병을 예방하지만, 이 시스템이 비정상적으로 작동하게 되면 자가면역 질환을 유발할 수도 있다. 이런 경우에는 자기면역 시스템이 몸의 정상 세포를 공격하여 염증이나 손상을 일으키게 된다. 몇 가지 대표적인 자가면역 질환에는 류마티스 관절염, 자가면역 간염, 홍반성 홍반 질환 등이 있다.

피부 트러블이 일어나는 부분들은 오히려 몸에서 보내는 건강 신호이기 때문에 오래 방치해두지 말고 빠르게 대처함으로써 깊은 질환에 빠지지 말아야 한다.

한의학 관점에서도 말하길 스트레스나 마음의 부정이 상체의 열을 증가시킬 수 있다고 여겨지며, 특히 이러한 열이 얼굴에 쌓일 때 다양한 증상이 나타날 수 있다.

열이 얼굴에 집중되면 얼굴의 피부가 붉게 변할 수 있고 그게 과해지면 혈액순환이 이상적으로 증가하여 안면홍조가 나타날 수 있다. 또한 얼굴에 열이 쌓이면 피부의 열과 습기가 증가할 수 있어 여드름이나 피부 염증이 발생할 가능성이 높아진다. 그리고 피부의 자극이 증가할 수 있어 피부 알레르기 반응이 나타날 수 있으며 피부의 수분이 증발하여 피부 장벽이 예민해져 피부가 건조해질 수 있다.

마지막으로 얼굴에 과도한 열이 쌓이면 두통이나 안면 근육의 피로감이 나타날 수 있고 그로 인해 수면에 큰 영향을 미칠 수 있어 잠을 잘 자지 못하는 등의 수면 장애가 발생할 수 있다.

스트레스 상태에서는 일상적인 습관이 변할 수 있다. 예를 들어, 스트레스로 인해 흡연이나 과다한 음주를 할 수 있으며, 이는 피부 건강에 부정적인 영향을 미칠 수 있다. 이러한 요인들이 상호작용하여 스트레스는 피부 상태를 악화시킬 수 있다.

반면, 마음의 긍정은 스트레스 관리를 할 수 있다. 긍정적인 감정과 기분은 피부에도 긍정적인 영향을 미칠 수 있다. 웃음과 행복한 감정은 피부를 피로에서 회복시키고 건강한 상태를 유지하는 데 도움을 준다.

스트레스 관리 이외에도 충분한 휴식, 올바른 식습관 등은 피부 건강에도 도움이 되며 그것은 마음의 안정을 갖게 하고 그 효과는 피부에 반영된다. 마음의 상태와 피부는 상호작용하는데, 정신적인 불안이나 스트레스는 피부에 부정적인 영향을 미치고, 반대로 피부의 문제가 정신 건강에도 영향을 미칠 수 있다. 이로 인해 마음의 상태가 피부에 영향을 주며, 건강한 마음이 건강한 피부를 만들 수 있다는 관점이 생기는 것이다.

항상 나의 세포를 즐겁게 해주고 건강한 삶의 자세를 통해 마음의 안정감을 가진다면 나의 표정, 인상까지도 아름답게 만들 수 있을 것이다. 따라서 퍼스널 브랜딩 피부를 통해 외적인 아름다움과 마음의 안정 이외에도 내적 아름다움을 꼭 찾을 수 있도록 해야 할 것이다.

05

뷰티 메타인지를 통한 피부관리 방법

메타인지(meta cognition)는 자신의 인지 과정에 대해 한 차원 높은 시각에서 관찰·발견·통제·판단하는 정신 작용으로, '인식에 대한 인식', '생각에 대한 생각', '다른 사람의 의식에 대해 의식', 그리고 고차원의 생각하는 기술이라고 할 수 있다.

메타인지 능력이 높은 사람은 자신의 생각과 행동을 더 잘 이해하고, 자신의 강점과 약점을 파악하며, 학습과 문제 해결을 더 효과적으로 수행할 수 있다.

메타인지의 구성요소로는 다음과 같은 것들이 있다.

- 자기인지 : 자기 생각, 감정, 행동에 대한 이해
- 목표 설정 : 자신의 목표를 명확하게 설정하고, 그 목표를 달성하기 위한 계획을 세우는 능력

- 계획 실행: 자신의 계획을 실행하고, 그 과정에서 발생하는 문제점을 해결하는 능력
- 평가 : 자신의 학습과 행동을 평가하고, 그 결과를 바탕으로 학습과 행동을 개선하는 능력
- 학습 : 메타인지를 활용하면 자신의 학습 스타일을 파악하고, 자신에게 맞는 학습 방법을 찾을 수 있다. 또한, 학습 목표를 명확하게 설정하고, 그 목표를 달성하기 위한 계획을 세울 수 있다.
- 문제 해결 : 메타인지를 활용하면 문제의 본질을 파악하고, 효과적인 문제 해결 방법을 찾을 수 있다. 또한, 문제 해결 과정에서 발생하는 어려움을 극복할 수 있다.
- 자기 관리 : 메타인지를 활용하면 자신의 강점과 약점을 파악하고, 자신에게 맞는 목표를 설정하고, 그 목표를 달성하기 위한 계획을 세울 수 있다. 또한, 자신의 행동을 점검하고, 그 결과를 바탕으로 행동을 개선할 수 있다. 메타인지는 자기 능력의 훈련을 통해 향상시킬 수 있다.

❋ 메타인지를 뷰티에 적용하기
- 자신의 피부 타입과 고민을 파악하기
- 자신의 얼굴형과 이목구비를 이해하기
- 자신의 원하는 피부의 스타일과 유형을 찾기
- 자신의 피부관리 습관을 점검하기

자기 생각과 행동을 관찰하고, 그 결과를 기록한다. 그리고

자신의 강점과 약점을 파악하고, 그에 맞는 목표를 설정한다. 아울러 자신의 학습과 행동을 평가하고, 그 결과를 바탕으로 학습과 행동을 개선한다.

메타인지를 통하여 자신의 피부 타입과 고민을 파악하기 위해서는 다음과 같은 방법론을 활용할 수 있다.

✱ 1. 자신의 피부 상태를 객관적으로 관찰하기

먼저, 자기 피부 상태를 객관적으로 관찰하는 것이 중요하다. 거울을 보면서 피부 톤, 유분 정도, 모공 크기, 트러블 여부 등을 꼼꼼히 살펴보는 것이다. 또한, 아침에 일어났을 때와 저녁에 잠들기 전에 피부 상태를 비교해 보는 것도 도움이 된다.

✱ 2. 자신의 피부 고민을 구체적으로 정의하고 기록하기

피부 상태를 관찰한 후에는 자기 피부 고민을 구체적으로 정의한다. 예를 들어, "피부가 건조해서 각질이 많이 일어난다.", "피부가 번들거리고 유분이 많다.", "피부에 문제가 자주 생긴다"와 같이 구체적인 표현을 사용하여 기록한다.

✱ 3. 씻는 것, 자는 것, 먹는 것에 대해 실천하고 기록하기

책의 내용에 적혀있는 정보를 기반으로 기본적인 것부터 실천하고 기록한다.

✱ 4. 수집한 정보를 바탕으로 자기 피부 유형과 고민을 파악하기

수집한 정보를 바탕으로 자기 피부 유형과 고민을 파악한다.

피부 타입은 크게 건성, 중성, 지성, 복합성으로 나눌 수 있다. 고민은 각질, 유분, 트러블, 색소 침착, 탄력 저하 등 다양한 종류가 있다.

✱ 5. 피부 유형과 고민에 맞는 뷰티 루틴을 실천하기

자기 피부 유형과 고민을 파악했다면, 피부 유형과 고민에 맞는 뷰티 루틴을 실천한다.

다음은 메타인지를 통하여 자신의 피부 타입과 고민을 파악하는 데 도움이 되는 구체적인 질문이다.

- 아침에 일어났을 때 피부는 건조한가요? 유분기가 많은가요?
- 피부에 각질이 많이 일어나나요?
- 피부에 문제가 자주 생기나요?
- 피부에 붉은 기가 있나요?
- 피부에 색소 침착이 있나요?
- 피부의 탄력이 떨어졌나요?

이러한 질문에 답변하면서 자기 피부 상태를 객관적으로 파악하고, 피부 유형과 고민을 구체적으로 정의할 수 있다. 또한, 피부 유형과 고민에 맞는 해결 방법을 실천함으로써 아름다운 피부를 가꿀 수 있다.

메타인지를 이용한 자신의 얼굴형과 이목구비를 이해하기 위해서는 다음과 같은 방법으로 활용할 수 있다.

❋ 1. 자신의 얼굴형을 객관적으로 관찰하기

먼저, 자신의 얼굴형을 객관적으로 관찰하는 것이 중요하다. 거울을 보면서 자신의 얼굴형의 윤곽을 따라가며, 얼굴의 넓이, 길이, 높이, 각도 등을 꼼꼼히 살펴본다. 또한, 자신의 얼굴형과 비슷한 연예인이나 모델을 찾아보고, 그들의 얼굴형을 비교해 보는 것도 도움이 된다.

❋ 2. 자신의 피부와 얼굴 고민을 구체적으로 적어본다.

얼굴형을 관찰한 후에는 자기 이목구비의 특징을 구체적으로 적는다. 예를 들어, "눈이 자주 붓고, 눈꼬리가 처진다.", "코가 낮고, 펑퍼짐하다.", "입술이 얇다"와 같이 구체적인 표현을 사용한다.

❋ 3. 얼굴형과 이목구비에 대한 정보를 수집하기

이목구비의 특징이 정의되면, 얼굴형과 이목구비에 대한 정보를 수집한다. 인터넷, 서적, 전문가의 상담 등을 통해 다양한 정보를 얻을 수 있다.

❋ 4. 수집한 정보를 바탕으로 자신의 고민에 대한 해결 방법들을 실천한다.

수집한 정보를 바탕으로 자신의 얼굴형과 이목구비를 이해하고, 실천 루틴들을 기록한 다음 자신의 얼굴형과 이목구비에 맞는 방법을 실천한다.

피부 루틴은 건강한 세안법, 건강한 음식 먹기, 반신욕 하기, 숙면 취하기 그리고 얼굴형을 무너지게 하는 좋지 않은 자세 피하기 등을 들 수 있다.

다음은 메타인지를 이용하여 자신의 얼굴형과 이목구비를 이해하는 데 도움이 되는 구체적인 질문이다.

- 얼굴형 : 얼굴의 넓이, 길이, 높이, 각도는 어떻습니까?
- 눈 : 눈의 크기, 모양, 색깔, 위치는 어떻습니까?
- 코 : 코의 길이, 높이, 모양, 콧볼은 어떻습니까?
- 입 : 입술의 크기, 모양, 색깔, 위치는 어떻습니까?
- 귀 : 귀의 크기, 모양, 위치는 어떻습니까?
- 이마 : 이마의 크기, 모양, 위치는 어떻습니까?

이러한 질문에 답변하면서 자신의 얼굴형과 이목구비를 객관적으로 파악하고, 자신의 얼굴형과 이목구비에 맞는 뷰티 루틴을 실천할 수 있다.

다음은 메타인지를 이용하여 자신의 얼굴형과 이목구비를 이해하는 데 도움이 되는 몇 가지 팁이다.

- 여러 각도에서 자기 얼굴을 관찰한다.
- 자신과 비슷한 얼굴 유형의 연예인이나 모델을 찾아본다.

- 전문가의 도움을 받는다.

메타인지를 향상하고, 자신의 얼굴형과 이목구비를 이해함으로써, 자신이 원하는 얼굴의 이상형을 찾고, 아름다운 외모를 가꿀 수 있기를 바란다.

메타인지를 이용하여 자신의 뷰티 습관을 점검하기 위한 방법론

✻ 1. 자신의 피부관리 습관을 기록한다.

먼저, 자신의 피부관리 습관을 기록하는 것이 중요하다. 일주일 동안 또는 한 달 동안 자기의 피부 루틴을 기록하고, 그 결과를 분석한다. 뷰티 루틴에는 세안, 보습, 영양, 자외선 차단, 얼굴형을 망치지 않는 자세, 습관 등이 있다.

✻ 2. 자신의 피부와 얼굴 유형의 목표를 설정한다.

피부관리 습관을 점검한 후에는 자신의 뷰티 목표를 설정한다. 예를 들어, "피부 트러블을 개선하고 싶다.", "얼굴에 안색을 맑게 하고 싶다.", "이중 턱을 없애고 싶다."와 같은 구체적인 목표를 설정할 수 있다.

✻ 3. 자신의 피부관리 습관을 평가한다.

설정한 목표를 달성하기 위해 자신의 피부관리에 도움이 되는지 평가한다. 예를 들어, 피부 트러블을 개선하기 위해 세안을 매일 두 번 하는 것이 도움이 되는지, 얼굴에 안색을 맑게 하기 위해 숙면을 취하기 위한 노력을 하는지, 이중 턱을 유발하는 스마트폰을 사용하는 자세나 평소 나의 업무 자세 등을 평가한다.

✱ 4. 자신의 뷰티 습관을 개선한다.

평가 결과에 따라 자신의 피부관리 습관을 개선한다. 예를 들어, 피부 트러블이 개선되지 않는다면, 세안 방법을 바꾸거나, 기능성의 제품을 더 자주 바르는 등의 방법을 시도할 수 있다.

이중 턱의 경우 대부분 나쁜 자세 습관과 관련이 있다. 어떤 안 좋은 습관을 가졌는지 파악하고 대체할 수 있는 자세를 생각해 본다. 너무 광범위하게 느껴지면 전문가에게 상담을 받아보는 것을 추천한다.

✱ 5. 자신의 피부관리 습관을 실천한다.

개선된 피부관리 습관을 실천하고, 그 결과를 관찰한다. 만약, 목표를 달성하지 못한다면, 다시 평가하고, 개선해야 할 부분을 찾아서 실천한다.

다음은 메타인지를 이용하여 자신의 뷰티 습관을 점검하는 데 도움이 되는 구체적인 질문이다.

- 세안 : 매일 몇 번 세안을 하고, 어떤 세안제를 사용하고 있습니까?
- 보습과 영양 : 하루에 몇 번 제품을 바르고, 어떤 기능을 하는 제품을 사용하고 있습니까?
- 자외선 차단 : 매일 자외선 차단제를 바르고 있습니까?
- 기초화장품 : 어떤 기초 화장품을 사용하고 있습니까?

- 운동 : 어떤 방법으로 운동을 하고 있습니까?

이러한 질문에 답변하면서 자신의 뷰티 습관을 객관적으로 파악하고, 개선할 수 있는 부분을 찾아낼 수 있다.

다음은 메타인지를 이용하여 자신의 뷰티 습관을 점검하는 데 도움이 되는 4가지 팁이다.

1. 전문가의 도움을 받는다.
2. 뷰티 커뮤니티에 참여한다.
3. 뷰티 블로그나 유튜브 채널을 구독하여 나와 비슷한 사례를 찾고 경험해 본 다음, 나에게 맞는 루틴을 찾아본다.
4. 피부관리에 대한 책을 찾아본다.

이 방법들을 통하여 메타인지를 향상하고, 자신의 뷰티 습관을 점검함으로써, 자신에게 맞는 뷰티를 찾고, 아름다운 외모를 가꿀 수 있기를 바란다.

'퍼스널 브랜딩 피부'란 무엇인가?

'퍼스널 브랜딩 피부'란, 개인의 피부를 자신만의 브랜드로 인식하고, 이를 관리하여 건강하고 아름다운 피부를 만들어내는 것을 말한다. 즉, 다시 말해 개인이 자신의 피부에 대한 인식과 관리 방법을 습득하고, 이를 통해 자신만의 고유의 피부 습관을 만들어내는 것이다. 이를 위해, 퍼스널 브랜딩 피부는 한 개인의 피부 상태, 건강, 식습관, 스트레스 등을 고려하여 맞춤형 피부 관리 방법을 찾아내고, 이를 지속해서 관리하여 건강하고 아름다운 피부를 만들어 나의 가치를 높여 몸값을 올리는 것을 목표로 한다.

일반적으로 퍼스널 브랜딩은 개인의 고유한 특성과 가치를 강조하여 자신의 이미지를 관리하고 구축하는 프로세스를 말한다. 외모, 스타일, 업적, 가치관 등을 조합하여 자신만의 독특한 아이덴티티를 구축하는 것을 목표로 한다. 이러한 컨셉을 피부에 적용한 것이 '퍼스널 브랜딩 피부'이다.

퍼스널 브랜딩 피부는 개인의 피부 상태와 관리에 중점을 둔 개념으로, 자신만의 피부 스타일과 관리 철학을 찾아내어 더 나은 피부 건강을 유지하고 아름다움을 극대화하는 것을 목표로 하므로 앞서 먼저 알아야 할 것은 나 자신의 피부 상태이다. 이를 위해서는 다양한 측면에서 고려해야 할 요소들이 있다.

1. 피부 타입과 상태 : 자신의 피부 타입을 파악하고 피부 상태에 따라 적절한 피부관리 루틴을 수립한다. 현재 자신의 피부 상태를 파악하는 것이 필요하다. 피부가 너무 건조하거나 트러블이 있다면 근본적인 원인을 찾아야 한다.
2. 건강 습관 : 올바른 식습관, 충분한 수면, 꾸준한 운동 등을 통해 피부 건강을 지키는 것이 중요하다. 물론 자기 생활의 패턴을 반영한 습관이 중요하다. 하면 안 되는 것들을 너무 절제하는 것 또한 스트레스가 될 수 있기 때문이다.
3. 스킨케어 제품 선택 : 자신의 피부 타입에 맞는 스킨케어 제품을 잘 선택해야 한다. 그렇게 사용하여야 더욱 더 효과적인 관리를 할 수 있다.
4. 자연스러운 아름다움 강조 : 퍼스널 브랜딩 피부는 자연스러운 아름다움을 강조한다. 과한 메이크업보다는 부모님이 물려준 그대로의 모습에서 자신만의 피부 컨디션을 최대한 살려 아름다움을 만든다.

나의 얼굴(피부) 상태 파악하여 구체화하기

❋ 과거(유년 시절)의 나의 피부

1. 피부색 : _____
2. 모공 상태 : _____

3. 발달한 얼굴 뼈의 형태 : _____

4. 좋아지고 싶었던 이유는? _____

5. 현재 변화하고 싶은 이유는? _____

6. 개선하기 위한 노력은 하고 있는가? _____

❋ 현재 나의 피부

1. 피부색 : _____
2. 모공 상태 : _____

3. 현재 나의 얼굴 뼈의 형태 : _____

4. 과거의 나와 현재의 차이 : _____

5. 현재 변화하고 싶은 이유는? _____

6. 개선하기 위한 노력은 하고 있는가? _____
_____

❋ 내가 원하는 미래 나의 피부 상상하기

1. 피부색 : _____
2. 모공 상태 : _____
_____
3. 얼굴 뼈의 형태 : _____
_____
4. 개선하기 위한 어떤 노력을 할 것인가? : _____
_____

    퍼스널 브랜딩 피부는 자기 자신을 이해하고 존중하는 것에서 출발하며, 이는 자신만의 아름다움을 찾아가는 여정의 일환이다. 이를 위해서는 자기 피부에 대한 이해와 관리 방법이 필요하다. 또한 건강한 피부를 유지하기 위해서는 식습관, 생활 습관 등도 중요하다. 따라서, 자신만의 퍼스널 브랜딩 피부를 만들기 위해서는 전문가의 도움과 함께, 자신의 피부 상태와 건강을 고려한 맞춤형 관리 방법을 찾아 지속해서 관리하는 것이 필요하다. 이 질문을 통해 최소로 하는 노력의 방법들을 제안해 줄 것이다. 뷰티메타인지를 참고하여 빈칸을 채워보자. 매력적인 피부가 될 수 있는 방법을 찾을 수 있을 것이다.

PART.2

퍼스널 브랜딩, '나' 다운 매력의 시작
피부 파워를 어떻게 높일까? —BASIC

Chapter.1

나의 세포의 젊음을 유지시키기 위한 최소의 방법
(질 좋은 수면과 스트레스 관리)

01

건강한 세포가 곧
아름다운 피부를 결정한다

건강한 세포가 곧 아름다운 피부를 결정한다는 말은 피부 건강과 외모는 아주 밀접하게 관계가 있다는 말이다. 피부는 우리 몸의 가장 큰 장기이며, 외부 환경으로부터 우리 몸을 보호하는 역할을 한다. 매력적이고 아름다운 피부를 위해서는 건강한 세포가 필수적이며 피부 장벽을 강화하여 외부 자극으로부터 피부를 보호해야 한다. 그리고 피부 재생을 촉진시켜 피부를 맑고 깨끗하게 유지해야 한다.

우리의 피부는 수많은 세포로 이루어져 있다. 이러한 세포들이 건강하고 활발하게 작동할 때, 피부는 촉촉하고 윤기 있으며 탄력이 있게 된다. 건강한 세포는 피부의 재생과 보호에 필수적이며, 피부가 자연스럽게 빛나고 매력적으로 보이도록 한다.

세포의 건강은 우리의 생활 습관, 식습관, 환경 등에 따라 영향을 받는다. 영양소가 풍부한 식품을 섭취하고 충분한 수면을 취하는 것은 세포의 건강을 유지하는 데 정말로 중요한 작용을 하게 된다. 또한, 햇빛으로부터 피부를 보호하고 적절한 보습을 유지하는 것도 매우 중요하다.

세포의 건강이 유지되면 피부는 잡티나 주름이 줄어들고 톤이 개선된다. 반대로, 세포의 손상이나 염증이 발생하면 피부는 건조해지고 탄력을 잃으며 여러 가지 문제가 발생할 수 있다.

텔로미어와 세포의 관계성

세포의 핵 속에는 유전 정보를 가진 염색체가 있다. DNA와 단백질로 구성된 염색체의 양쪽 끝에는 텔로미어가 붙어 존재하고 있다. 텔로미어는 그리스어의 '끝(telos)'과 '부위(meros)'라는 단어의 합성어이다.

DNA와 단백질로 구성된 구조물로, 염색체의 말단을 보호하는 역할을 한다. 세포가 분열할 때마다 텔로미어는 조금씩 짧아진다. 텔로미어가 너무 짧아지면 세포는 더 이상 분열할 수 없게 되고, 결국 죽게 되는 것이다. 따라서 텔로미어의 길이는 세포의 수명을 결정하는 중요한 요인이다. 텔로미어가 길수록 세포는 더 오래 분열할 수 있으며 세포의 수명은 길어진다. 하지만 텔로미어의 길이가 짧아져서 더이상 DNA를 보호할 수 없게 되면 노화는 본격적으로 시작된다.

나사의 쌍둥이 실험에서 드러난 텔로미어의 길이 변화

2015년부터 2016년까지 1년 동안 진행된 나사의 쌍둥이 실험은 우주비행사 스콧 켈리와 마크 켈리를 대상으로 실시되었다. 스콧 켈리는 국제우주정거장(ISS)에서 340일을 보내고, 반면 마크 켈리는 지구에 머물렀다. 실험 결과, 우주에서 돌아온 스콧 켈리의 텔로미어 길이가 지구에 머문 마크 켈리의 것보다 짧아졌다. 이는 우주에서 생활이 세포의 노화를 촉진한다는 증거이다.

그러나 스콧 켈리가 지구로 돌아온 후 약 3개월이 지나자 텔로미어 길이가 다시 정상으로 돌아오는 것으로 나타났다. 이는 지구의 환경으로 돌아온 후 생활 습관과 섭식 형태가 세포의 노화를 늦추는 데 도움이 된다는 것을 알 수 있다. 이러한 결과는 생활 습관과 섭식 형태가 수명에 미치는 영향을 보여주는 중요한 증거이다. 즉, 건강한 생활 습관과 섭식 형태를 유지하면 세포의 노화를 늦추고, 수명을 연장하는 데 도움이 될 수 있다.

세포의 기능과 건강은 유전적인 요인과 환경적인 요인의 상호작용에 의해 결정된다. 유전적인 요소는 세포의 구조와 기능을 일부 결정하는 데 중요한 역할을 하지만, 환경적인 요인도 세포의 활동과 기능에 상당한 영향을 미친다. 세포의 DNA에는 유전자가 존재하며, 이는 세포의 기능과 생물학적 특성을 규정한다. 그러나 유전자의 발현은 외부 환경에 따라 충분히 변할 수 있다. 환경적인 요인으로는 영양, 운동, 습관, 스트레스 수준 등이 있으며, 이러한 요소들은 세포의 구조와 기능에 매우 큰 영향을 미친다. 예를 들어, 건강하지 못한 식습관, 불규칙한 생활 습관, 과도한 스트레스는 세포의 기능을 저하시키고 세포 노화를 가속화 할 수 있다. 이러한 환경적 요인들은 유전적인 특성과 함께 작용하여 세포의 건강과 기능에 영향을 준다. 따라서 세포의 건강을 유지하고 기능을 최적화하기 위해서는 유전적인 요인과 함께 환경적인 요인 둘 다 주의를 기울여야 한다.

텔로미어의 길이를 연장하는 생활습관

그렇다면 텔로미어의 길이를 연장할 수 있는 방법은 무엇일까? 그 방법은 식습관과 운동, 수면, 섹스, 술, 커피, 스트레스, 사회적 관계와 같은 위험 요인에 대한 노출을 인식하고 조절하는 데에 달려 있다. 텔로미어의 손상을 방지하는 방법으로는 다음과 같은 것들이 있다.

- 항산화제 섭취 : 항산화제는 세포의 DNA를 손상시키는 활성산소를 제거하는 역할을 한다. 항산화제를 섭취하면 텔로미어의 손상을 방지하는 데 도움이 될 수 있다.
- 규칙적인 운동 : 운동은 세포의 신진대사를 촉진하고, 염증을 억제하는 데 효과가 있다. 운동을 하면 텔로미어의 손상을 방지하는 데 도움이 될 수 있다.
- 스트레스 관리 : 스트레스는 세포의 DNA를 손상시키는 역할을 한다. 스트레스를 잘 관리하면 텔로미어의 손상을 방지하는 데 도움이 될 수 있다.

우리는 현재 100세 시대를 살고 있으며, 이런 추세에 동반해 건강하고 매력적인 피부를 가진 젊음을 유지하는 것 역시 중요하다. 이를 위해 텔로미어 관리와 노화를 방지할 수 있는 적절한 환경 관리 역시 필수적이다.

02
숙면은 피부관리에 필수!

▍수면은 성장호르몬에 큰 영향을 미친다

성장호르몬이 결핍되면 콜레스테롤이 증가하고 뼈가 약해져 골절되기 쉬워지며 근육량이 줄어든다. 또한 체력적인 부분들이 현저히 떨어지고 피부가 거칠어진다. 그렇기 때문에 우리가 양질의 수면을 취하기 위해서는 운동하기 전에 준비운동(스트레칭)을 하듯 잠자기 전에도 잠을 자기 위한 준비 단계가 꼭 필요하다.

✽ 잠자기 전 깊은 잠이 들기 위한 준비 단계

준비 1단계 : 잠을 자고 싶은 편안함을 주는 침구

하루 일과 중 3/1을 수면 시간이 차지한다고 해도 과언이 아니다. 그 시간 동안 자신이 가장 편안하게 느끼고 스스로에게 집중할 수 있는 수면과 하나가 되는 것이 바로 침구이다.

토퍼, 이불 : 좋은 품질의 이불은 부드럽고 쾌적한 텍스처를 가지며, 보온 기능을 갖추고 있어 추운 계절에도 몸을 따뜻하게 유지함으로써 몸의 온도를 조절하여 따뜻하고 편안한 느낌을 준다. 잠들기 전에 적절한 온도로 유지되는 환경에서 자는 것은 신체와 마음을 안정시켜주어 수면의 질과 깊이를 개선할 수 있다. 매우 건조한 환경에서 자는 경우, 친환경적인 면 소재로 만들어진 이불은 피부에 자극이 없으며, 자연스러운 보습 효과로 피부 건조함을 완화시켜 준다.

워터베드 : 수면 시 근육이 긴장되거나 힘을 주고 유지하는 움직임을 워터베드를 통해 해소해 척추의 편안함을 도와준다. 수분 중심의 지지감은 마찰 없이 부드럽고 안정적인 수면 환경을 조성해 준다. 엄마 뱃속에 있는 편안함과 압력 완화 기능으로 몸의 압력점을 분산시켜 주어 근육 긴장 완화와 편안함을 제공한다. 워터베드를 사용하면 실질적으로 오랫동안 한 자세로 누워 있어도 몸에 힘이 거의 들어가지 않기 때문에 숙면을 취하는 효과를 느낄 수 있다.

준비 2단계 잠을 자고 싶은 수면 환경

습도 : 수면 환경의 적절한 습도는 40%에서 60% 사이이다. 너무 건조한 공기는 코와 목의 건조함을 유발할 수 있고, 너무 습한 공기는 불편감과 땀을 유발할 수 있다. 중간 정도의 습도가 호흡과 피부 건강에 이상적인 형태이다.

온도 : 일반적으로 적절한 수면 온도는 18°C에서 22°C(64°F에

서 72°F) 사이이다. 개인별로 선호하는 온도가 다를 수 있으므로, 자신에게 가장 편안하고 잘 자는 온도를 찾아보자. 일반적으로 시원하고 서늘한 환경에서 잠들기 쉽고 깊은 잠을 취할 수 있다. 물론, 개개인의 체질과 성격, 기타 요소들에 따라 최적의 습도와 온도가 달라질 수 있다. 그러므로 자신이 가장 편안하게 느끼며 집중할 수 있는 조건을 찾아보는 것이 필요하다. 공기청정기나 가습기 등의 기기를 사용하여 공기 상태를 조절하는 것 역시 큰 도움이 된다.

조명의 밝기 조절 : 수면을 위한 최적의 조명은 어둡게 유지한다. 어둡고 편안한 환경은 체내 멜라토닌 분비를 촉진하여 수면을 돕는 역할을 한다. 완전 어두운 게 무섭다면 직접적인 노출보다 간접적인 부드러운 조명이 좋다. 침실에서 사용되는 전자 기기(스마트폰, 태블릿 등)의 경우 슬립 모드를 활성화하여 화면 밝기와 파란색 LED 빛 발산을 최소화한다. 파란색 LED 빛은 멜라토닌 분비를 억제하고 근골격 리듬에 영향을 줄 수 있으므로 주의가 필요하다.

개인적인 성격과 환경 요소들은 각자 다르므로, 편안하고 조용한 침실 환경 조성에 신경 써 보자. 적절한 습도 온도와 조명, 편안한 침구 등이 좋은 수면 환경을 만들어 준다. 자신만의 최상의 수면 상태를 가질 수 있는 환경을 만들어 다음 날 아침의 컨디션이 달라진 경험을 해보길 바란다. 이렇게 한다면 아침에 일어나는 것 자체가 행복해지는 순간이 꼭 올 것이다.

03
스트레스를 조절하는 자율 신경계

 피부 상담을 해보면 피부가 좋지 않은 사람들의 80~90% 이상이 스트레스로 인하여 피부가 푸석해지고 안색이 좋지 않으며 트러블이 많은 것을 볼 수 있었다.

스트레스는 만병의 근원이다

 스트레스는 우리의 피부와 몸 대사에 직접적인 관여를 한다는 것을 알 수 있다. 긴밀하게 좀 더 말하자면 '스트레스(stress)'의 어원은 '팽팽하게 죄다'라는 뜻을 가진 라틴어 '스트링게르(stringer)'로 알려져 있다. 물리학 분야에서 학문적으로 사용하기 시작했으나 20세기 들어 스트레스와 인체와의 상관관계가 연구되면서 개념이 더 확장되었다. 흔히 '스트레스' 하면 그 요인만을 떠올리기 쉬운데 사실은 스트레스 요인과 이에 대한 자기 자기 신체 반응을 합한 값이

스트레스의 총합이라고 할 수 있다.

스트레스 요인 + 신체 반응 = 스트레스
즉, 외부 자극이나 변화에 대한 개인의(신체적, 정신적, 행동적) 반응 또는 적응을 의미한다.

분류	그림	키워드
사회적 요인	(사람들)	직장 스트레스, 가족 갈등, 금전 문제
심리적 요인	(뇌)	성격 특성, 정서 상태, 완벽주의
환경적 요인	(자연 풍경)	소음, 극한의 날씨 조건
생리적 요인	(심장)	장기간 피로, 수면 부족, 영양실조

이런 스트레스 요인과 신체 반응 시 우리 몸에선 어떤 일이 벌어질까?

스트레스는 우리 몸의 기능을 자동으로 통제하는 신경계인 자율신경계로 조절할 수 있다. 우리가 생각하거나 의식하지 않아도 심장 박동, 소화, 호흡 등의 생명 유지에 필요한 기능들을 자동으로 제어한다.

자율신경계는 크게 교감신경계와 부교감신경계로 나뉜다. 교감신경계가 지속해서 활성화되면 체력 소모, 피로, 정서적 문제 등 다양한 건강 문제를 초래할 수 있다. 교감신경은 보통 낮에 활동할 때, 혹은 운동 시에 주로 활성화된다. 심장의 박동수를 높이고 혈관을 수축시켜 혈압을 올리며, 소화관의 운동을 감소시킨다.

교감신경은 위협이나 스트레스 상황에서 활성화되고, 그 결과 심장 박동이 빨라지고 혈압이 상승하며 호흡이 가속화된다. 교감신경계가 우세해지면서 맥박 증가, 혈압 상승, 동공 확대, 호흡수 증가. 근육 긴장도 상승, 산소 소비율의 증가와 같은, 이른바 스트레스 반응에 의한 피부 염증을 초래하기도 한다. 또한 에너지를 제공하기 위해 혈중 포도당 수치가 증가하고 근육에 더 많은 피가 공급된다. 스트레스 반응은 1차적으로 교감신경이 활성화되고 부교감신경의 기능은 저하되는 쪽으로 작동하는 것이다. 그렇기 때문에 교감신경이 비정상적으로 활성화되면 불면증으로 인한 수면장애 때문에 회복 상태가 힘들어져 얼굴 낯빛이 붉거나 어두워져 피부가 탁해지며 그로 인해 얼굴의 표정과 인상이 나빠진다.

반면에 부교감신경은 '휴식과 소화' 반응을 촉진하여 몸과 마음을 편안하게 만든다. 스트레스 상황이 종료되면 부교감신경계가 활성화되어 심장 박동과 호흡을 늦추고 혈압을 낮춘다. 부교감신경은 수면 상태와 휴식할 때, 혹은 식사 시에 활성화된다. 심장의 박동을 부드럽게 하고, 혈관을 확장해 혈류를 촉진하여, 심신을 이완 상태로 조정한다. 세포의 분비나 배설을 촉진하는 작용이 있어, 소화액의 분비나 배변이 촉진된다. 만약 교감신경이 활성화되었을 때 음식을 먹게 되면 체하는 경우가 있는데, 이때는 소화관의 운동이 떨어졌기 때문이다.

스트레스 관리에 있어서 자율신경계의 역할은 매우 중요하다.

장기적인 스트레스 상황에서 교감신경계가 지속해서 활성화되면 체력 소모, 피로, 정서적 문제 등 다양한 건강 문제를 초래할 수 있다. 반대로 부교감신경계를 적절하게 활용하여 몸과 마음의 휴식 상태를 유지해야 스트레스 관리에 큰 도움이 될 것이다.

그러나 중요한 것은, 각 개인의 스트레스 반응과 그것을 조절하는 방법이 다르다는 점이다. 일부 사람들은 긴장된 상황에서도 차분하게 대응할 수 있지만, 다른 사람들은 작은 압박에도 크게 반응할 수 있다. 간단하게 이야기하자면 아침에 일어나 서둘러 아침을 먹고 차를 타고 회사로 가서 늦게까지 바쁘게 일하는 것은 교감신경이 우위에 있으며 잠잘 때나 조용히 휴식을 취할 때에는 부교감신경이 우위에 서있다. 깨어있는 시간의 대부분은 교감신경이 우위에 있으며, 심장과 위장 등 자율신경계의 움직임은 부교감신경이 우위에 있을 때 내장의 상태를 좋게 하고 몸이 건강하며 피부가 좋아질 수 있다. 따라서 양질의 수면과 호흡을 통하여 부교감신경 우위의 시간을 의식적으로 만들어 줘야 한다.

스트레스 조절 방법 : '딥브리딩(Deep Breathing : 깊은 숨쉬기)' 복식 호흡법

이 기법은 우리의 신체가 스트레스 반응에서 휴식 반응으로 전환하도록 돕는다. 깊은 숨을 쉼으로써, 우리는 신체에 '모든 것이 안전하다'라는 메시지를 보내고, 이에 따라 신체가 긴장을 풀고 휴식 상태로 들어간다.

✽ 딥 브리딩의 기본적인 단계

1. 편안한 자세 취하기 : 앉거나 누운 상태에서도 복식 호흡을 할 수 있다. 중요한 것은 등을 곧게 하고, 어깨와 목에 긴장을 풀어주는 것이다.
2. 천천히 깊게 숨 들이마시기 : 코를 통해 천천히 깊게 숨을

들여 마신다. 배가 부풀어 오르며 가슴보다 배가 더 많이 움직임에 주목하기
3. 잠시 멈추기 : 숨쉬기를 잠시 멈춘 후,
4. 천천히 숨 내쉬기 : 입으로 천천히 완전하게 숨을 내쉽니다.
5. 반복하기 : 이 과정을 5~10분 동안 반복합니다.

일상생활에서 정신적 혹은 신체적 스트레스를 경감하는 데 복식 호흡은 매우 유용하다. 복식 호흡은 호흡을 통해 더 많은 산소를 공급함으로써 심신을 진정시키고 근육의 긴장을 완화할 수 있다. 이는 마치 스트레스 상황이 끝나고 안전한 상태에 있다는 신호를 몸에 보내는 것과 같다. 마음과 몸을 편안하게 만들며 스트레스 반응을 완화시키게 된다. 부교감 신호를 활성화시켜 심장 박동수를 느리게 하고 혈압을 낮춰 전체적인 혈류를 개선하여 필요한 영양분과 산소가 피부 세포에 제공되도록 하여 건강한 피부와 윤기 있는 외모를 유지하는 데 도움이 된다. 호흡을 통해 심신을 이완시키며, 이는 간접적으로 얼굴의 인상을 편하게 만들어 주게 된다.

04

스트레스로 인해 내 피부가 망가지는 이유

스트레스는 일상생활에서 마주치는 어려움이나 요구에 대한 대응으로 인해 발생하는 신체적, 정신적, 감정적인 반응을 의미한다. 일종의 압력이나 부담으로서, 자신이 해결할 수 없는 상황에 부딪혀 개인의 능력과 자원을 초과하는 때에 직면했을 때 발생할 수 있다.

스트레스로 인한 다양한 원인
- 업무와 학업 때문에 겪는 경우들 : 업무 압박, 과제와 시험 스트레스, 기한에 대한 압박 등 직장이나 학교에서의 요구와 도전
- 대인 관계에서 나타나는 특징 : 가족 간의 충돌, 친구들 사이의 갈등, 직장 동료와의 관계 문제 등 사회적 상호작

용에서 오는 문제들
- **건강 문제** : 질병이나 부상, 만성 통증 등 건강 문제로 인한 신체적 고통과 제약
- **금전적 문제** : 재정적 어려움, 빚 문제 혹은 경제 불안 등 금전적인 어려움
- **삶의 변화**(환경 변화) : 이사, 결혼 혹은 이혼과 같은 삶의 큰 변화는 조정과 적응을 필요로 하며, 그 과정에서 스트레스가 생김

스트레스는 각 개인마다 다른 경험과 인식을 가지고 있다.
이러한 상황 속의 반응들은 신체적으로 긴장된 근육, 호르몬 분비 변화 및 소화 장애와 같은 생리학적 반응을 가지며 또한 우울감, 불안감 및 집중력 저하와 같은 정신적 반응도 나타난다. 제일 중요한 것은 이러한 복합적인 반응이 얼굴과 우리 피부에 나타난다는 것이다.

《피부는 인생이다》라는 책 속에서는 "피부를 알 때, 우리 자신을 알게 된다", "우리 자아는 피부다"라는 이야기한다. 이 이야기는 몸과 심리적인 정서가 긴밀하게 연결되어 있다는 것을 말하고 있다. 우리 사고 방식 자체가 곧 피부를 뜻한다는 것이다.

나는 많은 사람들을 관리하면서 알게 된 사실이 있다. 성격이 예민한 사람일수록 피부가 예민하고 부정적인 사람일수록 피부조직이 딱딱하며, 긍정적인 사람일수록 피부가 건강한 것을 나는 몇 번이고 확인할 수 있었다. 그만큼 정서적인 상태가 피부에 반영된다는 것이다.

사람들은 스트레스의 심각성을 알지만 뭐부터 해야 할지를 잘 모른다. 스트레스를 최소화하려면 지금 당장 우리가 쉽게 바로 실행할 수 있는 것이 바로 양질의 수면을 취하는 것이다. 수면은 회복을 위한 시간이다. 수면의 중요성은 과학적으로도 검증되어 있다.

양질의 수면을 가지면 일어나는 피부에 좋은 현상들
✻ 1. 체력과 회복

수면 중에는 신체의 재생과 회복 과정이 활발하게 일어난다. 그로 인해 세포 및 조직의 복구가 이루어지고, 상처 치유, 근육 회복 등이 진행되어 피부와 몸의 컨디션을 올려준다. 그래서 신체 체력을 회복할 수 있다.

✻ 2. 피부 염증 반응 최소화

지속된 스트레스는 면역 시스템의 작용을 변경시켜 피부 염증 반응을 증가시킬 수 있다. 이에 따라 아토피 피부염, 단순포진, 여드름, 트러블 등과 같은 염증성 피부 질환의 발병 가능성이 높아지게 되는데 충분한 수면을 통하여 면역 시스템을 강화해 주어 염증 수치가 낮추게 되면 면역 세포들이 활성화되어 감염과 질병으로부터 우리를 보호하는 역할을 한다.

✻ 3. 안색 개선

충분한 수면은 혈액 순환을 개선시켜서 산소와 영양소를 효과적으로 전달하고, 동시에 활성 산소와 독소를 제거하는 데 도움을 주어 건강한 안색과 환한 얼굴색을 유지하게 해준다.

✱ 4. 주름 예방

스트레스로 인해 신경계에 직접적인 영향을 받아 안면 근육이 지속적으로 긴장되면, 주름이 생기거나 언어 주름 등의 고정 주름이 형성될 수 있다.

부족한 수면은 주름의 생성과 깊어짐에 영향을 줄 수 있다. 충분한 잠은 식물성 성장호르몬(HGH) 분비를 증가시켜 주름 형성 속도를 감소시켜 주고, 탄력 있는 피부를 유지할 수 있다.

✱ 5. 얼굴 부종 완화

수면 부족은 대사 활동에 영향을 줄 수 있다. 충분한 숙면 시간 동안 에너지 소비와 생산 사이의 균형이 유지되며, 혈당 조절 및 체중 관리에 도움을 준다.

우리 얼굴과 몸이 붓는 것도 수면의 상태가 좋지 않게 되어 신체 회복의 기능을 하지 못하여 혈액순환이 되지 않아서이다.

✱ 6. 피부 재생 및 회복

수면 중에는 피부의 재생과 회복 과정이 활발하게 일어난다. 신진대사가 증가하여 손상된 피부 조직을 치유하고, 콜라겐 및 엘라스틴 등의 중요한 단백질을 생성하여 피부 탄력성을 유지한다.

✱ 7. 안면홍조 완화

안면홍조는 피부의 혈관들이 확장되어 혈류가 증가하고, 그로 인해 얼굴이 붉어지는 상태를 말한다. 스트레스 상황에서 코르티솔과 같은 스트레스 호르몬의 분비량이 증가하며, 이로 인해 혈압 상승, 혈당 조절 어려움 등의 생리적 반응이 발생할 수 있다. 양질의 수면을 통해 심장에서 혈액을 펌프질하여 몸 전체로 산소와 영양소를 원활하게 공급해 주어 이산화탄소와 대사 산물을 제거하게 되면 안면홍조에도 큰 도움이 된다.

지속적인 수면 부족은 피부 건강에 부정적인 영향을 줄 수 있으며, 정규적인 생활 패턴과 충분한 숙면 시간 확보는 건강한 피부 유지를 위해 중요하다. 따라서, 7~8시간 정도의 충분한 잠을 자는 것이 좋지만, 그게 힘들게 되면 최소 5~6시간 정도 일정량의 규칙적인 숙면 시간 패턴을 만들어 잠을 자는 것이 꼭 필요하다.

05

오랫동안 앉아 생활하는 습관은 체내 염증을 일으킨다

　인간의 일상은 산업 혁명 이후 더 많은 시간을 앉아서 보내게 되었다. 컴퓨터 작업, 공부, 휴식 시간 등에서 우리는 자주 의자에 앉아 있다. 그러나 최근 연구 결과에 따르면, 장기간 앉아 있는 행위는 건강에 해로운 영향을 미칠 수 있다는 사실을 알게 되었다.

　데이터 분석 결과에 따르면, 하루에 앉아 있는 시간이 한 시간 더 늘어날수록 사망률이 2% 증가하며, 하루에 앉아 있는 전체 시간이 8시간을 넘어가면 사망률은 8%까지 증가한다고 한다. 이는 우리가 더 많이 움직이고, 앉아 있는 시간을 줄이는 것이 중요하다는 것을 의미한다.

　오랫동안 앉아 생활하는 습관이 체내 염증을 유발하는 메커니즘은 여러 가지가 있다. 일단 앉아 있는 동안 근육은 사용되지 않으며, 이는 혈액 순환을 저하시키고 근육 조직에 염증을 일으킬 수 있다. 이러한 이유로, 오랫동안 앉아 있는 습관은 심각한 건강 문제를 야기한다.

> ✱ **앉아 있는 시간을 줄이기 위해 다음과 같은 방법을 고려해 볼 수 있다**
> - 정기적인 일어서기 : 30분마다 일어나서 몸을 움직이는 습관 만들기
> - 스탠딩 데스크 사용 : 일할 때 스탠딩 데스크를 사용하거나 높은 탁자를 활용하기
> - 산책 : 회의나 통화 중에도 걸어 다니며 활동하기

따라서 우리는 장기간 앉아 있는 습관을 고치고, 적절한 운동과 활동을 통해 신체적 활동량을 유지하는 것이 중요하다. 체내 염증을 줄이기 위해서는 규칙적인 운동과 활동은 물론, 일어나서 걷거나 스트레칭하는 등의 동작을 자주 행하는 것이 필요하다.

오랫동안 앉아 있는 상태가 지속되면 목, 어깨, 등, 허리 등에서 불편함이나 통증을 느낄 수 있다. 이런 지속적인 물리적 불편함은 스트레스를 유발하는데, 그 스트레스가 우울감이나 불안감을 만들게 된다. 신체 활동이 부족하면서 생기며, 서서 활동하는 사람들보다 저급 염증(low-grade inflammation) 또는 만성적 저도의 염증에 노출될 수 있다.

'Low-grade inflammation'은 만성적인 염증 반응을 의미한다. 오랜 기간 동안 체내에서 지속되는 염증 반응을 말하는데,

이는 병, 부상, 외부 침입자 등에 대한 지속적이고 낮은 수준의 염증을 몸 전체에서 지속적으로 생성하는 상태이다. 우리의 인체 시스템은 부상과 질병을 다루기 위해 염증을 생성할 수 있다. 이런 현상은 일반적으로 특정한 증상 없이 진행되며, 그래서 '침묵하는 염증'이라고도 불린다.

염증 자체는 우리 몸이 외부 침입자(예: 바이러스, 박테리아)나 손상에 대응하는 정상적인 면역 반응이지만, 이런 반응이 계속되면서 저급 염증 상태가 되어 건강에 해로울 수 있다. 저급 염증 상태가 세포와 조직에 지속적인 손상을 주면서 건강과 관련된 부분에서는 심혈관 질환, 당뇨병, 암, 비만, 알츠하이머 등과 같은 여러 가지 만성질환 발생의 원인이 되기도 한다.

따라서 이런 질환을 예방하기 위해서는 주기적으로 일어나서 몸을 움직이고 필요한 경우 스트레칭, 적절한 휴식 등으로 위와 같은 문제들로부터 자신을 보호해야 한다.

좌식 생활 습관으로 인한 체내 염증과 얼굴 부기, 하체 부종 예방법

✱ 1. 타임 타이머 활용하기

하루 24시간 중 앉아 있는 시간이 8시간을 넘기지 말아야 하며 스스로가 시간을 계획하여 60분 중 10분은 휴식을 취한다. 가만히 있는 휴식보다는 움직임이 있는 휴식을 만들어준다.

✱ 2. 마사지볼을 사용하여 발의 순환을 도와준다.

마사지볼의 경우 한 개짜리와 두 개짜리로 나뉜다. 처음 시작할 때는 두 개짜리가 무게 중심 잡기가 쉽다. 발바닥 중앙을 기준으로 굴려주며 서서 진행할 때 오른발 50회 왼발 50회, 앉아서 할 때는 타임 타이머를 이용하여 각각 5분 또는 10분 정도 해주면 좋다.

✱ 3. 실내 자전거 타기

실외 자전거보다 실내 자전거를 선호하는 이유는 실외 자전거는 활동 범위가 넓고 움직임이 규칙적이지 못하기 때문이다.

실내 자전거는 우리 몸에서 고관절 움직임을 규칙적으로 만들어 주는 역할을 한다. 심장에서 혈액을 펌프질하는 것처럼 실내 자전거는 고관절에서 발끝까지 혈액순환이 될 수 있도록 물꼬를 터주는 역할을 한다. 골반의 움직임을 통해 결합조직들을 유연하게 해주는 것이다.

✱ 4. 반신욕과 족욕하기

심장에서 하부 쪽이 멀기 때문에 오래 앉아있는 행동을 했을 때 발바닥까지 순환이 잘되지 않는다. 반신욕과 족욕을 번갈아 하게 되면 부기를 빼는 데 큰 도움이 된다.

반신욕에 솔트(엡솜 솔트나 바다 소금을 사용)**를 넣으면 나타나는 효과**
- 근육 이완과 통증 완화 : 소금은 근육의 긴장을 이완시키고 통증을 완화하는 데 도움이 된다. 따라서 근육통이나 관절통, 두통 등을 완화하는 데 도움이 될 수 있다.
- 피부관리 : 바다 소금에는 칼슘, 마그네슘, 칼륨 등의 미

네랄이 포함되어 있으며, 이들은 피부 건강에 좋다. 따라서 반신욕에 소금을 넣으면 건조한 피부를 촉촉하게 만들고, 각질 제거에도 도움이 된다.
- 스트레스 해소 : 엡솜 솔트(마그네슘 황산염)는 신경계를 안정시키고 스트레스 해소에 도움을 준다.
- 수분 균형 유지 : 목욕할 때 체내에서 수분이 증발하기 쉽지만, 반신욕에 소금을 추가하면 수분 균형을 유지하는 데 도움이 된다.
- 독소 제거 : 목욕 시 모공이 열리고 체내의 독소가 배출된다. 그 과정에서 바다 소금의 미네랄 성분들은 체내의 오염물질 제거를 지원하여 해독(detox) 효과가 있다.

가벼운 행동 수정 요법과 반신욕(족욕)을 통해 거울 앞에 달라진 나의 모습을 볼 수 있다.

앞의 4가지 방법으로 숙면을 취하여 세포 회복을 통하여 피부 회복을 돕고 아침에 일어나는 컨디션까지 바꿔보는 것은 어떨까?

Chapter. 2

'나' 다운 매력
(브랜드 파워),
에너지는
먹는 것에서부터
시작된다

01
피부 다이어트가
시급한 시대에 살고 있다

　현대인들은 여러 가지 스트레스 요인, 환경 오염, 불규칙한 식습관, 그리고 햇빛에 노출되는 등 일상에서 노화를 가속화하는 환경에 직면하고 있다. 이에 따라 피부는 민감하게 반응하며, 피부 건강을 유지하기가 더욱 어려워진 상황이다. 21세기, 빠른 속도로 변화하는 삶의 양상과 함께 우리는 피부 다이어트가 시급한 시대에 살고 있다.

　현대 사회에서는 외모에 대한 관심이 매우 높아졌다. 사회의 미적 기준에 맞는 외모를 가지는 것은 많은 사람들에게 중요한 가치가 되었다. 그뿐만 아니라, 소셜 미디어와 인터넷의 발달로 인해 자기 외모를 다양한 사람들과 공유하고 언제나 완벽한 모습으로 보여주려는 부분도 늘어났다. 이러한 환경에서 우리는 피부 다이어트의 중요성을 더욱 느끼게 된다. 왜냐하면 피부는 우리가 가장 먼저 남에게 보여주는 부분이기 때문이다. 피부 상태는 우리의 건강과 스트레스 수준, 식단 및 생활 습관의 영향을 반영한다. 따라서 피부가 건강하고 아름다운 상태를 유지하는 것은 자신감을 갖고 사회적으로 성공적인 삶을 살기 위해 중요한 요소 중 하나이다.

건강한 피부를 위한 다이어트는 꼭 필수이다

현대 사회에서는 외모에 대한 관심이 더 높아지고 있으며, 사회적인 압력으로 인해 많은 사람이 외모에 대한 불안을 느끼고 있다. 이에 따라 피부 다이어트는 단순히 체중 감량이나 다이어트만이 아니라, 피부 건강을 향상하는 데 초점을 맞춘 식습관과 생활 습관의 변화를 의미한다.

✽ 피부 다이어트란?

피부 건강을 향상시키기 위해 식단과 생활 습관을 조절하는 것을 말한다. 올바른 식단과 영양소를 공급하면 피부에 필요한 영양소가 공급되어 건강하고 화사한 피부를 유지할 수 있다. 또한, 습관적인 운동과 충분한 수면, 스트레스 관리도 피부 다이어트에 중요한 요소이다.

피부 다이어트의 중요성은 피부 건강뿐만 아니라 전반적인 건강에도 영향을 미치기 때문에 강조되어야 한다. 건강한 피부는 면역력을 강화하고 피부 질환의 발생 가능성을 줄여준다. 또한, 건강한 피부는 자외선에 의한 피부 손상을 예방하고 피부 노화를 지연시킨다.

피부 다이어트는 건강한 피부를 유지하는 데 중요한 역할을 한다. 코로나 이슈가 지나간 후 다이어트를 하는 사람들이 많이 늘어나고 있다. 하지만 다이어트 부작용이 만만치가 않다. 급격하게 빠진 체중은 요요를 일으키고 몸에 탄력이 현저히 떨어지는 것을 볼 수 있다. 현재 피부 다이어트가 시급한 이유는, 체중 감량과 함께 영양소가 풍부한 식사를 섭취하고, 충분한 수면과 규칙적인 운동을 유지하는 것이 중요하기 때문이다. 이를 통해 건강한 피부를 유지할 수 있으며 또한, 피부 다이어트를 통해 체중 감량을 할 경우, 피부 탄력이 떨어지는 것을 방지할 수 있다. 이는 피부의 건강을 유지하는 데 중요한 역할을 한다. 따라서, 건강한 피부를 유지하기 위해서는 피부 다이어트가 시급한 시대에 살고 있다고 할 수 있다.

피부는 우리 건강의 숨겨진 연결고리이다. 건강한 피부는 탄력 있고 촉촉하며, 자연스러운 광채를 발한다. 반면에 건강하지 못한 피부는 건조, 여드름, 칙칙함, 주름 등 다양한 문제를 보이게 된다.

피부 다이어트가 시급한 시대에 사는 우리는 모두 건강한 피부를 가지기 위해 많은 노력을 기울여야 한다. 이러한 노력 중에서도 살아 있는 음식을 먹는 것은 매우 중요한 역할을 한다. 왜냐하면 살아 있는 음식은 우리 피부에 다양한 이점을 제공하기 때문이다.

우선, 살아 있는 음식은 피부 건강을 위한 필수 영양소를 풍부하게 함유하고 있다. 신선한 과일과 채소, 견과류, 식물성 단백질 등은 비타민, 미네랄, 항산화 물질 등 다양한 영양소를 함유하고 있다. 이러한 영양소들은 피부 조직을 강화하고 콜라겐 생산을 촉진하여 피부 탄력을 유지하고 주름, 주근깨, 여드름 등 피부 문제를 완화하는 데 도움을 준다.

또한, 살아 있는 음식은 소화 효능이 뛰어나기 때문에 피부에 직접적인 영향을 미친다. 식물성 식품이 가진 섬유질과 효소는 소화 과정을 원활하게 도와주고, 장 건강을 유지하는 데 도움을 준다. 장 건강이 좋으면 체내 독소를 효과적으로 제거할 수 있고, 이에 따라 피부에 노폐물이 축적되지 않아 더욱 건강하고 맑은 피부를 가질 수 있다.

마지막으로, 살아 있는 음식은 신체의 pH 균형을 조절하는 데 도움을 준다. 살아 있는 음식은 물과 함께 과일과 채소를 섭취하는 것이며, 이러한 식품들은 신체의 pH를 알칼리성으로 유지하도록 돕는다. pH 균형이 맞는 신체는 염증을 줄이고 피부 상태를 개선하는 데 도움을 준다.

이렇듯 살아 있는 음식은 피부 건강을 위한 필수 요소이다. 다양한 영양소를 공급하고 소화를 돕는 역할을 수행하며, 신체의 pH 균형을 조절하여 피부를 더욱 건강하게 유지한다. 따라서 우리는 가능한 한 신선하고 자연스러운 식품을 선택하여 섭취하는 것이 좋다.

피부 문제는 단순한 미용상의 문제가 아니라, 내부 건강의 불균형을 나타내는 신호일 수 있다. 따라서 피부 건강을 위해서는 피부만을 겉으로 관리하는 것이 아니라, 몸 전체의 건강을 고려하는 것이 중요하다.

피부는 외부 환경에서 오는 여러 가지 스트레스 요인에 노출되기 때문에 적절한 영양 공급이 필수적이다. 영양 균형은 피부 건강을 유지하는 데 매우 중요하다. 피부가 건강하고 빛나는 모습을 유지하려면 식이를 통해 다양한 영양소를 충분히 섭취해야 한다.

비타민, 미네랄, 그리고 항산화물질은 특히 피부 건강을 지원하는 데 중요한 역할을 한다. 비타민A, C, E는 피부를 탄력 있게 유지하고 산화 스트레스로부터 보호하는 데 도움이 된다. 아연, 구리, 마그네슘과 같은 미네랄은 피부 장벽을 강화하고 염증을 줄이는 데 중요하다.

우리는 피부 다이어트를 과학적으로 입증된 방법으로 접근하여, 피부 건강에 도움이 되는 영양소를 적절히 섭취하고, 습관적인 행동을 개선하여 피부에 긍정적인 변화를 불러온다. 이러한 노력은 단기적인 결과뿐만 아니라 장기적인 피부 건강과 미모를 유지하는 데에도 큰 도움이 될 것이다. 이러한 영양소를 충분히 섭취하기 위해 다양한 종류의 과일, 채소, 견과류, 종자류, 그리고 식이 섬유가 풍부한 식품을 포함한 균형 잡힌 식사를 유지해야 한다. 특히 신선하고 자연적인 원료로 만든 음식을 섭취하는 것이 좋다. 이와 함께 충분한 물을 마시고 건강한 생활 습관을 유지하여 피부가 올바른 영향을 받을 수 있도록 노력하자!

02

살아있는 음식을 먹어야 하는 이유 ①

피부에 좋은 음식

피부는 우리 몸의 큰 기관 중 하나로, 건강과 아름다움의 상징이자 막강한 자아 수호자이다. 피부는 우리의 여러 가지 외부 요소에 대한 방어 기능을 수행한다. 그렇기에 피부가 건강하고 아름다울수록 우리의 삶은 풍요로워지고 자신감도 높아진다.

우리는 몸의 외부를 감싸고 있는 피부와 건강 간의 밀접한 연관성에 주목하여, 매력적인 피부를 위한 중요한 비밀을 밝혀내고자 한다. 더불어서, 이 비밀의 핵심 중 하나가 바로 '살아있는 음식'에 있다는 것을 알게 될 것이다. 살아있는 음식은 생명력 넘치고, 영양소가 풍부한 음식을 말한다. 살아있는 음식을 섭취했을 때 우리의 피부에 미치는 긍정적인 영향은 매우 놀랍다. 피부에 좋은 음식은 다음과 같다.

✽ 염증을 줄여주는 항산화 성분이 풍부한 음식

항산화 성분은 체내의 활성산소를 제거하여 세포 손상을 막고 노화를 늦추는 효과가 있다. 피부에 좋은 항산화 성분으로는 비타민C, 비타민E, 베타카로틴, 폴리페놀, 리코펜, 셀레늄, 엘라그산 등이 있다.

- 비타민C : 감귤류, 딸기, 키위, 토마토, 사과, 배, 브로콜리, 고추, 양배추, 케일, 시금치 등
- 비타민E : 아보카도, 아몬드, 호두, 땅콩, 시금치
- 베타카로틴 : 당근, 토마토, 호박, 망고, 멜론,
- 폴리페놀 : 딸기, 블루베리, 포도, 녹차, 브로콜리, 양파, 마늘, 커피
- 리코펜 : 토마토, 수박, 딸기
- 셀레늄 : 해산물, 견과류, 버섯
- 엘라그산 : 딸기, 블루베리, 포도, 녹차

✽ 수분을 공급해 주는 음식

수분은 피부를 촉촉하게 유지하는 데 필수적이며 피부는 체중의 약 70%가 수분으로 구성되어 있다. 따라서 수분이 부족하면 피부가 건조해지고, 주름이 생기고, 탄력이 떨어질 수 있다. 수분을 공급하는 대표적인 음식으로는 과일, 채소, 콩류 등이 있는데, 대표적으로는 다음과 같은 것들이다.

- 과일 : 수박, 참외, 멜론, 포도, 딸기, 오렌지, 사과, 배
- 채소 : 오이, 토마토, 양배추, 호박, 당근, 상추, 깻잎
- 콩류 : 콩, 두부, 렌틸콩, 완두콩

이러한 음식들은 90% 이상이 수분으로 구성되어 있어, 피부에 수분을 공급하는 데 효과적이다. 또한, 비타민, 미네랄, 식이섬유 등을 함유하고 있어, 피부 건강을 증진하는 데 도움이 된다. 특히, 수박은 수분 함량이 92%에 달하는 대표적인 수분 공급 식품이다. 또한, 리코펜, 엽산, 비타민C 등 다양한 영양소를 함유하고 있어, 피부 건강을 증진하는 데 도움이 된다.

과일과 채소는 생으로 먹거나, 갈아서 주스로 마시거나, 샐러드로 먹어도 좋다. 콩류는 두부, 렌틸콩, 완두콩 등 다양한 형태로 섭취할 수 있다. 하루에 충분한 수분을 섭취하고, 수분을 공급하는 음식을 꾸준히 섭취한다면 피부를 촉촉하게 유지하고, 피부 건강을 증진하는 데 도움이 될 수 있을 것이다.

※ 콜라겐 생성을 촉진하는 데 도움이 되는 음식

콜라겐은 피부, 뼈, 연골, 결합 조직 등에 존재하는 단백질로, 피부의 탄력과 보습력을 유지하는 데 중요한 역할을 한다. 콜라겐은 체내에서 합성되지만, 나이가 들수록 콜라겐 합성 능력이 떨어지기 때문에 충분히 섭취하는 것이 중요하다. 생선, 두부, 닭고기, 달걀 등은 피부를 구성하는 단백질의 대표적인 좋은 공급원이다.

- 닭고기 : 닭고기에는 콜라겐을 형성하는 데 필요한 아미노산이 풍부하게 함유되어 있다.
- 생선 : 특히 연골이 많이 함유된 생선 종류인 참치, 연어, 고등어 등을 섭취하면 콜라겐 생성에 도움이 된다.
- 계란 흰자 : 계란 흰자에는 콜라겐 형성에 필요한 아미노산인 라이신과 프롤린이 풍부하게 함유되어 있다.

- 두부 : 식이섬유, 단백질, 칼슘, 철분, 마그네슘, 칼륨, 아연, 비타민K 등의 영양소가 풍부하며, 콜라겐 생성을 돕는 아미노산인 프롤린과 라이신도 함유하고 있어 피부 건강에 도움이 될 수 있다. 또한 콜레스테롤과 지방 함량이 낮아 다이어트나 혈관 건강에도 도움이 될 수 있다.
- 견과류 : 아몬드, 호두, 캐슈넛 등의 견과류는 콜라겐 생성을 도와주는 아미노산과 비타민E를 함유하고 있다.
- 채소와 과일 : 당근, 브로콜리, 녹색 잎채소, 파슬리, 딸기, 오렌지 등은 비타민C와 비타민E를 비롯한 항산화 성분이 풍부하여 콜라겐 생성을 촉진한다.

이러한 음식들을 균형 있게 섭취하면 콜라겐 생성을 촉진하여 피부의 탄력과 촉촉함을 유지하는 데 도움이 될 수 있다.

✱ 과도하게 쌓인 나트륨을 배출해 주는 음식

정제된 소금은 건강에 해로운 과도한 나트륨을 함유하고 있을 수 있다. 나트륨은 수분을 보존하고 체액의 균형을 유지하는 데 매우 중요한 역할을 하지만, 너무 많은 나트륨을 섭취하면 체내에 과도한 수분이 유지되어 부종이 발생할 수 있다. 그리고 과다한 나트륨 섭취는 고혈압, 심혈관 질환 및 이외에 다른 건강 문제와 관련될 수 있다.

- 녹색 잎채소 : 시금치, 케일, 상추 등의 녹색 잎채소에는 칼륨과 마그네슘이 풍부하게 함유되어 있어 나트륨을 배출하는 데 도움이 된다.

- 바나나 : 바나나에는 칼륨이 풍부하게 함유되어 있어 나트륨과의 균형을 유지하고 체내의 나트륨 배출을 돕는다.
- 아보카도 : 아보카도는 칼륨과 마그네슘이 풍부하여 나트륨 배출을 촉진한다.

그러나 모든 상황에 적용되는 절대적인 규칙은 아니다. 개인의 건강 상태, 식습관, 선호도 등을 고려하여 결정하는 것이 중요하다. 만약에 가공된 제품을 섭취하게 된다면 그중에서도 영양소가 충분하게 유지되고 첨가물이 적은 제품을 선택하는 것이 하나의 방법일 수 있다. 또한, 식이 보충제를 통해 필요한 영양소를 섭취하는 것도 고려할 만하다.

그리고 식물성 식품에는 콜라겐이 소량 함유되어 있다. 대표적인 식물성 콜라겐 공급원에는 버섯, 아스파라거스, 콩류 등이 있다. 식물성 식품은 콜라겐의 양이 적지만, 다른 영양소를 함께 섭취할 수 있다는 장점이 있다. 버섯, 아스파라거스, 콩류 등은 콜라겐과 함께 항산화 성분, 비타민, 미네랄 등을 함유하고 있어, 피부 건강 증진에 도움이 된다.

콜라겐의 하루 섭취 권장량은 각 개인의 건강 상태, 연령, 활동 수준 등에 따라 달라질 수 있다. 일반적으로 성인의 경우 하루에 약 2.5g에서 5g의 콜라겐을 섭취하는 것이 권장되고 있다. 꾸준히 섭취하면 피부를 탄력 있게 가꾸는 데 큰 도움이 될 것이다.

살아있는 음식을
먹어야 하는 이유 ②

피부에 나쁜 음식

우리의 피부는 우리의 건강을 반영하는 거울이다. 그렇기 때문에 우리가 먹는 음식이 피부에 미치는 영향은 중요하다. 현대 사회에서는 고처리 식품, 단순 탄수화물, 포화지방이 많은 식사를 즐기는 경우가 많다. 하지만 이러한 식습관은 우리의 피부에 부정적인 영향을 미칠 수 있다. 피부는 외부 환경으로부터의 첫 번째 방어선 역할을 한다. 따라서 피부가 건강하고 아름답게 유지되는 것은 매우 중요하다. 그러나 고처리 식품이나 지나친 단순 탄수화물은 피부에 염증을 유발하고 여드름과 같은 피부 문제를 야기할 수 있다. 또한, 포화지방이 풍부한 음식을 과도하게 섭취하는 것은 피부의 유연성을 감소시키고 건조함을 유발할 수 있다. 이에 따라 피부는 건조하고 주름이 생기기 쉬워지며 탄력을 잃을 수 있다. 피부에 나쁜 음식은 다음과 같다.

❋ 당분이 많은 음식

당분이 많은 음식을 과다 섭취하면 트러블 유발 및 피부 탄력이 떨어지고, 주름이 생기며, 피부 노화가 촉진될 수 있다. 따라서 피부 건강을 위해서는 당분이 많은 음식 섭취를 제한하는 것이 좋다. 당분이 많은 음식의 대표적인 예는 다음과 같다.

- 과자, 아이스크림, 케이크, 쿠키는 설탕, 꿀, 액상과당 등 단순 당이 많이 함유되어 있다. 단순 당은 피부 탄력을 떨어뜨리고, 주름을 생성하는 데 영향을 미친다.
- 탄산음료, 에너지음료, 주스는 설탕, 액상과당 등 단순 당이 많이 함유되어 있다. 또한, 카페인, 탄산, 색소 등 피부에 좋지 않은 성분도 함유되어 있다.
- 흰 빵, 흰 밀가루로 만든 과자, 라면은 정제된 탄수화물이 많이 함유되어 있다. 정제된 탄수화물은 혈당을 급격히 올릴 수 있으며, 이는 피부 노화를 촉진시킨다.

그리고 당분이 많은 음식이 얼굴의 트러블을 유발하는 이유는 다음과 같다.

- 피지 분비 증가 : 당분이 많은 음식을 섭취하면 혈당이 급격히 상승한다. 이를 조절하기 위해 인슐린이 분비되고, 인슐린은 피지 분비를 촉진한다. 피지 분비가 증가하면 모공이 막히고, 염증이 발생하여 여드름, 뾰루지 등이 생길 수 있다.
- 면역력 저하 : 당분이 많은 음식을 과다 섭취하면 염증 반응이 증가하고, 면역력이 저하될 수 있다. 면역력이 저

하되면 피부 세포의 재생 속도가 느려지고, 균에 대한 저항력이 떨어져서 트러블이 생길 수 있다.
- 피부 장벽 손상 : 당분이 많은 음식을 섭취하면 피부 장벽이 손상될 수 있다. 피부 장벽은 피부를 외부 환경으로부터 보호하는 역할을 하는데, 손상되면 피부에 수분이 손실되고, 세균이 침입하기 쉬워져서 트러블이 생길 수 있다. 따라서 피부 트러블을 예방하기 위해서는 당분이 많은 음식을 과다 섭취하지 않도록 주의하는 것이 좋다. 특히, 여드름이나 뾰루지 등 트러블이 있는 경우라면 당분이 많은 음식을 피하는 것이 좋다.

다음은 피부 트러블을 예방하기 위한 당분 섭취 가이드라인이다.
- 하루 섭취 열량의 10% 미만으로 제한한다.
- 과일, 채소, 통곡물 등 당분이 적은 음식을 섭취한다.
- 설탕, 꿀, 액상과당 등 단순 당이 많이 함유된 음식을 피한다.
- 충분한 수분을 섭취하고, 규칙적인 생활을 하는 것도 피부 트러블을 예방하는 데 도움이 된다.

✱ 지방이 많은 음식

지방은 우리 몸에 필요한 영양소이지만, 과다 섭취하면 피부에 좋지 않은 영향을 미칠 수 있다. 지방이 많은 음식을 과다 섭취하면 다음과 같은 문제가 발생할 수 있다.

- 여드름, 뾰루지 등 트러블 발생 : 지방은 피지 분비를 촉진하여 여드름, 뾰루지 등의 트러블을 유발할 수 있다.
- 피부 탄력 저하 : 지방이 많은 음식을 과다 섭취하면 피부 탄력이 저하되고, 주름이 생길 수 있다.
- 피부 노화 촉진 : 지방이 많은 음식을 과다 섭취하면 피부 노화가 촉진될 수 있다.

지방이 많은 음식은 다음과 같은 것들이 있다.
- 튀김류 : 튀김류는 기름에 튀겨서 만든 음식으로, 지방 함량이 매우 높다.
- 가공육 : 가공육은 육류를 가공하여 만든 음식으로, 지방 함량이 높고, 항생제, 호르몬, 비만 예방제 등 피부에 좋지 않은 성분이 함유되어 있을 수 있다.
- 패스트푸드 : 패스트푸드는 정제된 탄수화물과 지방 함량이 높다.
- 아이스크림, 케이크, 쿠키 등 : 이러한 음식은 설탕과 지방 함량이 높다.

지방이 많은 음식을 섭취할 때는 다음과 같은 점에 주의하는 것이 좋다.
- 하루 섭취 열량의 20% 미만으로 제한한다. 너무 많은 지방을 섭취하면 과도한 칼로리를 섭취하게 되어 비만이나 체중 증가의 원인이 될 수 있다.
- 견과류, 씨앗류, 생선 등 건강에 좋은 지방을 함유한 음

식을 선택한다.
- 튀김류, 가공육, 패스트푸드 등 지방 함량이 높은 음식을 피한다. 과도하게 섭취하면 혈중 콜레스테롤 수치가 증가하여 심혈관 질환의 위험이 높아질 수 있다.
- 충분한 수분을 섭취하고, 규칙적인 운동을 하는 것도 피부 건강을 유지하는 데 도움이 된다.

자기관리를 잘하는 성공하는 사람들의 특징은 피부를 잘 관리한다는 것이다. 규칙적인 생활을 하고 삶의 균형을 중시한다. 게으르고 규칙적인 생활을 하지 않고, 먹고 싶을 때 먹고 불규칙적인 생활 패턴에서는 일의 능률이 오르지 않기 때문에 삶을 주도하기보다는 그냥 본인이 속한 환경에 따라가게 되는 것이다.

우리의 피부를 단순하게 보호의 기능으로 생각하는 것보다는 나를 표현하는 명함이라고 생각해 보자. 잘 관리하고 잘 가꾸어 나의 인생을 선도할 수 있는 주체성을 가져나가야 할 것이다. 먹는 것 때문에 우리 피부가 망가진다는 사실을 아마 심각하게 생각하지 않았을 수도 있다. 아무리 좋은 유전자를 물려받았다고 해도 나이가 들면 들수록 그것이 맞다는 생각을 뼈저리게 느끼게 될 것이다. 이제부터라도 심각성을 자각하고 우리는 피부의 건강을 위해서는 항산화 성분이 풍부한 음식, 수분을 공급하는 음식, 콜라겐을 생성하는 음식을 섭취하고 또한, 당분이 많은 음식, 지방이 많은 음식, 술과 담배는 피하는 것을 추천한다.

04

살아있는 음식을
섭취하는 방법

· · · ·
과일과 채소

과일과 채소의 껍질에는 많은 영양소가 함유되어 있다. 그래서 최대한 과일과 채소는 껍질째 먹는 것이 좋다. 그리고 비타민, 미네랄, 항산화물질 등이 풍부하여 피부의 탄력과 윤기를 촉진하는 데 도움이 된다.

> **피부 건강에 도움을 주는 껍질 그대로 먹을 수 있는 과일과 채소**
>
> - 사과 : 사과의 껍질에는 폴리페놀, 비타민C, 식이섬유 등이 풍부하게 함유되어 있다. 폴리페놀은 항산화 효과가 있어 피부 노화를 억제하고, 비타민C는 피부를 촉진하고 활력을 주어 피부 탄력에 도움이 된다. 식이섬유는 장 건강을 개선하고, 염증을 완화하는 데 도움이 된다. 그리고 피부에 수분을 공급하고 피부 건강을 지킬 수 있다.

- 당근 : 당근의 껍질에는 베타카로틴이 풍부하게 함유되어 있다. 베타카로틴은 피부 건강에 중요한 역할을 하는 비타민A로 변환되어 피부를 더욱 건강하게 유지하는 데 도움을 줄 수 있다.
- 토마토 : 토마토의 껍질에는 리코펜이 풍부하게 함유되어 있다. 리코펜은 항산화 효과가 있어 피부 노화를 억제하고, 암 예방에도 도움이 된다.
- 바나나 : 바나나의 껍질에는 펙틴이 풍부하게 함유되어 있다. 펙틴은 콜레스테롤 수치를 낮추고, 혈당 조절에 도움이 된다. 바나나 껍질을 벗겨낼 때, 껍질과 알맹이 사이의 부분을 체관부 다발이라고 한다. 이 부분을 너무 제거하지 않은 상태로 섭취하게 되면 좀 더 영양적인 부분들을 더 많이 섭취할 수 있다.
- 키위 : 키위의 껍질에는 식이섬유, 비타민C, 폴리페놀 등이 풍부하게 함유되어 있다. 다만, 알레르기가 있는 경우 주의해야 한다. 식이섬유는 장 건강을 개선하고, 비타민C는 피부 탄력에 도움이 된다. 폴리페놀은 항산화 효과가 있어 피부 노화를 억제한다. 깨끗이 세척하여 껍질을 최대한 얇게 해서 섭취해 주는 게 좋다.
- 고구마 : 고구마의 껍질에는 안토시아닌이 풍부하게 함유되어 있다. 안토시아닌은 항산화 효과가 있어 피부 노화를 억제하고, 암 예방에도 도움이 된다.
- 브로콜리 : 브로콜리의 껍질에는 식이섬유, 비타민C, 폴리페놀 등이 풍부하게 함유되어 있다. 식이섬유는 장 건

강을 개선하고, 비타민C는 피부 탄력에 도움이 된다. 폴리페놀은 항산화 효과가 있어 피부 노화를 억제한다.
- 양파 : 양파의 껍질에는 퀘르세틴이 풍부하게 함유되어 있다. 퀘르세틴은 항산화 효과가 있어 피부 노화를 억제하고, 혈관 건강에도 도움이 된다.
- 호박 : 호박의 껍질에는 베타카로틴, 식이섬유, 비타민C 등이 풍부하게 함유되어 있다. 베타카로틴은 체내에서 비타민A로 전환되어 눈 건강과 피부 건강에 도움이 된다. 식이섬유는 장 건강을 개선하고, 비타민C는 피부 탄력에 도움이 된다.
- 배 : 배의 피부에는 식이 섬유가 풍부하게 함유되어 있다. 또한, 비타민C와 항산화물질이 피부를 지키고 피부 톤을 개선할 수 있다.
- 포도 : 포도의 피부에는 레스베라트롤과 같은 항산화물질이 풍부하게 들어 있다. 피부의 탄력을 유지하고 미백 효과를 지원할 수 있다.
- 블루베리 : 블루베리에는 안토시아닌이 풍부하게 함유되어 있다. 안토시아닌은 강력한 항산화 효과를 가지고 있어 피부 건강을 촉진하고 피부 손상을 완화하는 데 도움을 줄 수 있다.
- 이파리 채소(상추, 로메인 레터스, 케일 등) : 이파리 채소의 껍질에는 비타민, 미네랄, 식이 섬유가 풍부하다. 피부에 수분을 공급하고 피부 컨디션을 개선할 수 있다.
- 오이 : 오이의 껍질에는 식이 섬유와 수분이 풍부하게 함

유되어 있다. 수분 공급과 탄력 유지에 도움을 주어 건강한 피부를 유지하는 데 도움을 줄 수 있다.
- 감자 : 감자의 피부에는 비타민C와 식이 섬유가 함유되어 있다. 피부를 향상시키는 데 도움을 줄 수 있다.

이외에도 껍질째 먹으면 피부에 좋은 과일과 채소는 많다. 과일과 채소를 섭취할 때는 껍질째 먹는 것이 좋다. 껍질에는 영양소가 풍부하게 함유되어 있기 때문에, 껍질째 먹으면 영양소를 더 많이 섭취할 수 있다. 다만, 껍질째 먹을 때는 껍질이 상하거나 오염되지 않은지 확인해야 한다. 또한, 껍질째 먹기 어려운 과일이나 채소는 껍질을 벗겨 먹어도 무방하다.

이러한 과일과 채소는 풍부한 비타민, 미네랄, 식이 섬유, 항산화물질을 제공하여 피부의 건강을 지키는 데 도움이 된다. 그러나 개인의 건강 상태와 알레르기를 고려하여 식단을 결정하는 것이 중요하다. 특히 유기농 제품을 선택하고 깨끗이 세척하여 섭취하는 것이 좋다.

과일과 채소를 안전하고 깨끗한 상태로 세척하는 것은 식품 안전과 위생을 유지하는 데 매우 중요하다. 과일과 채소를 세척하는 것은 섭취하기 전에 잠재적인 미생물, 오염 물질, 농약 등을 제거하고 식품 안전을 보장하는 중요한 단계이다.

과일과 채소를 세척하는 방법

- 물로 세척하기 : 식품을 세척하기 위해 깨끗한 물을 사용한다. 손상되기 쉬운 과일이나 채소는 흐르는 물 아래

에 갖다 대거나, 상온의 깨끗한 물에 과일이나 채소를 별도의 컨테이너에 담아 부드럽게 문지르거나 흔들어 물에 덮도록 한다. 이렇게 하면 표면의 먼지, 흙, 미생물 등을 제거할 수 있다. 그 이외에는 식품을 깨끗한 찬물에 담가 세척한다. 찬물은 뜨거운 물보다 미생물을 효과적으로 제거하면서도 식품의 질을 유지할 수 있다. 세척 중에는 손으로 과일이나 채소의 표면을 부드럽게 문지르면서 세척한다. 이렇게 하면 물과 함께 더러움을 제거할 수 있다.

- 특별히 관리해야 할 식품들 : 상피가 얇은 과일이나 야채는 특히 세척에 신경을 써야 한다. 예를 들면, 딸기, 블루베리, 새송이버섯 등이 해당된다.
- 손과 도구의 청결 유지 : 세척하기 전에 손을 깨끗이 씻고, 식품을 세척하는 도구도 청결하게 유지한다. 특히 식품을 직접 만지기 전에는 손을 깨끗하게 씻는다.
- 소독을 위한 식초나 소금, 베이킹 소다 활용 : 일부 식품은 세척 후에 식초나 소금을 사용하여 소독할 수 있다. 식초나 소금은 일부 미생물을 제거하는 데 도움을 줄 수 있다. 그리고 과일이나 야채를 세척할 때 베이킹 소다를 사용할 수 있다. 베이킹 소다는 농약을 제거하는 데 도움이 될 수 있다. 하지만 사용하기 전에 해당 식품에 대한 안전성과 세척 방법에 대해 다시 한번 확인하는 것이 중요하다.
- 유기농 세제 사용하기 : 유기농 세제를 사용하여 과일과

채소를 세척할 수도 있다. 유기농 세제는 화학성분이 적은 자연 성분으로 만들어진 제품으로, 식품을 깨끗하게 세척하는 데 도움을 줄 수 있다. 식품에 남아있는 세제는 건강에 해로울 수 있으므로 식품을 세척할 때는 비식품용 세제인지 확인 후 사용 방법에 따라 제품의 지시 사항을 따르면 된다.

- 껍질을 벗기는 경우 : 일부 과일이나 채소는 외부에 오염물질이 많이 노출되어 있을 수 있으므로, 껍질을 제거하는 것이 좋을 수 있다. 하지만 껍질에 영양소가 풍부하거나 껍질을 먹는 것이 좋은 경우도 있으므로, 개별적인 식품의 특성과 안전성을 고려하여 결정해야 한다.

위의 방법으로 과일과 채소를 깨끗하게 세척한 후에는 키친 타월이나 종이 타월을 사용하여 물기를 제거한 후, 신선한 상태에서 섭취하면 된다. 세척된 식품은 더 안전하고 위생적이며, 먹을 때 안심할 수 있다.

이 외에도 당 백색 채소인 양파, 마늘, 무, 김치 등도 피부 건강에 도움을 주는데 좋은 식품이다. 하지만 피부 상태와 알레르기 등 개인적인 요인에 따라 다를 수 있으므로, 자신에게 가장 적합한 식품을 선택하고 섭취하는 것이 중요하다. 또한, 껍질을 섭취하기 전에 깨끗하게 세척하는 것을 잊지 말아야 한다.

05

살아있는
음식의 힘

····

피부 건강을 향상시키는 유산균과 효소

매력적이고 건강한 피부는 많은 사람들이 꿈꾸는 목표 중 하나이다. 피부는 우리의 건강 상태와 식습관, 환경 등 다양한 요인에 의해 영향을 받게 된다. 현대인들은 급격한 산업화와 식생활의 변화, 스트레스 등으로 인해 다양한 건강 이슈에 직면하고 있다. 특히, 빠르게 진행되는 노화와 잘못된 식습관의 영향으로 피부가 점점 망가지고 있다. 이에 대한 해결책으로 유산균과 효소의 섭취가 주목받고 있다. 이와 함께 소화 문제, 영양소 흡수 부족, 소화 불량 등 식품 소화와 관련된 문제도 늘어나고 있다. 그래서 유산균과 효소는 우리 몸의 소화와 영양 흡수에 효과적으로 기여하며, 건강한 식생활을 유지하는 데 중요한 역할을 한다.

| 사람들이 많이 알고 있는 유산균과 효소는 무엇인가?

- 효소(Enzyme) : 효소는 단백질로 이루어진 생물학적 촉매제로, 화학 반응을 촉진하거나 가속화한다. 소화 효소는 주로 소화 기관에서 음식물을 분해하고 소화하는 데 사용된다.
- 유산균(Probiotic) : 유산균은 유익한 세균의 한 종류로, 주로 소화관에 서식한다. 이러한 세균은 장내 미생물 균형을 유지하고, 면역 시스템을 강화하는 등의 이점을 제공하고 있다.

❋ 효소와 유산균의 기능
- 효소 : 소화 기관에서 생성되며 주로 췌장, 위, 소장 등에서 찾을 수 있다. 음식물을 분해하여 영양소를 생성하지만, 직접적으로 영양소를 제공하지는 않는다. 화학적 반응을 촉진하여 음식물의 화합물을 분해하고, 이를 통해 영양소를 생성한다. 소화 효소는 주로 단백질, 탄수화물, 지방 등을 소화하여 각종 생체 기능에 필요한 에너지와 영양소를 생산한다.
- 유산균 : 소화관에서 생존하며, 특히 대장에서 주로 생존해 장내 미생물 균형을 유지한다. 이들은 유해한 세균과 싸워 면역 시스템을 강화하고 소화 활동을 돕는 역할을 한다. 또한 일부 유산균은 유익한 화합물을 생성하여 소화 환경을 개선하고 피부 건강 등에 긍정적인 영향을 미친다. 그리고 유산균은 자연 발생한 식품이나 보충제 형태로 섭취한다. 주로 발효된 음식이나 프로바이오틱스 보충제에서

얻을 수 있으며 미생물 균형을 조절하여 영양소의 흡수를 돕는 역할을 한다. 또한 일부 유산균은 비타민, 단백질 등을 생성해 피부 건강에 긍정적인 영향을 미칠 수 있다.

유산균과 효소를 피부 건강을 향상시키기 위해 섭취하는 이유
✽ 첫 번째, 장내 미생물 균형과 피부 건강

유산균은 장내 환경을 개선하고 건강한 미생물 균형을 유지하여 스트레스로 인한 소화 문제를 예방하고 영양소의 흡수를 도와 피부 건강을 유지하는 데 기여한다. 이 미생물 균형이 유지되면 피부 건강에 긍정적인 영향을 미친다.

✽ 두 번째, 면역 시스템 강화와 피부 재생

효소와 유산균은 면역 시스템을 지원하여 강화시키는 역할을 한다. 효소는 세포 내에서 발생하는 노폐물을 제거하고 세포의 정상적인 기능을 도와준다. 이는 면역 시스템이 올바르게 기능하도록 하는 데 중요하다. 유산균은 유익한 미생물의 활동을 촉진하여 장내 미생물 균형을 개선하고 면역 시스템을 지원한다. 건강한 장내 미생물은 유해한 세균과 싸워주며, 면역 시스템의 강화에 도움을 줄 수 있다. 이는 피부를 외부 세균과 침입으로부터 보호하여 피부의 자연적인 방어 기능을 향상시킨다. 강화된 면역 시스템은 피부 손상을 예방하고 피부 재생을 촉진하여 건강하고 화사한 피부를 유지하는 데 기여할 수 있다. 스트레스로 인해 면역 시스템이 약화되면 피부의 자가방어 기능이 감소한다.

❋ 세 번째, 염증 감소와 피부 톤 개선

유산균은 염증을 감소시키는 효과가 있어, 피부에 나타나는 염증성 특징들을 감소시킬 수 있다. 유산균을 통하여 건강한 장내 환경은 피부에 노폐물을 제거하고 피부 염증을 줄이는 데 도움을 줄 수 있다. 염증이 감소하면 피부 톤이 개선되고, 여드름, 부기, 붉은 반점 등의 증상이 완화될 수 있으며 일부 효소는 염증을 감소시키는 효과가 있다. 스트레스는 염증을 촉진할 수 있으며, 일부 효소의 섭취는 이러한 염증을 완화하여 피부 상태를 개선하는 데 도움을 줄 수 있다.

❋ 네 번째, 효소와 영양소 흡수 촉진

효소는 음식물을 소화하여 영양소의 흡수를 도와준다. 현대인들은 빠르게 변화하는 식습관과 불규칙한 식사 시간으로 소화 문제에 더 많이 직면하고 있다. 효소는 음식물을 소화할 수 있는 형태로 분해하여 소화를 돕는다. 특히, 효소의 부족으로 인한 소화 문제는 위산이나 복통과 같은 불쾌한 증상을 유발할 수 있으므로 효소 섭취는 소화 기능을 최적화하여 소화 문제를 예방하는 데 도움을 준다.

영양소는 피부 건강에 핵심적인 역할을 한다. 특히 비타민C, 비타민E, 아연 등은 피부의 탄력, 촉촉함, 상처 치유에 중요한 역할을 하므로, 효소를 통해 영양소 흡수를 촉진하는 것은 피부 건강을 개선하는 데 도움이 된다. 고지방, 고단백 식단이 증가함에 따라 영양소의 흡수가 더욱 중요해지고 있다. 효소는 음식물을 간소화하여 영양소가 장벽을 통해 효과적으로 흡수되도록 도와

준다. 특히, 효소 섭취는 비타민, 미네랄 등의 영양소 흡수를 향상시켜 전반적인 영양 상태를 개선할 수 있다.

✱ 다섯 번째, 스트레스로부터의 피부 보호

현대인들은 고도의 스트레스에 노출되어 있다. 스트레스는 소화 기능에 부정적인 영향을 미칠 수 있으며, 효소는 스트레스로 인해 소화 기능이 저하되면 영양소의 흡수가 감소할 수 있다. 유산균은 스트레스로 인한 피부 변화에 긍정적인 도움을 줄 수 있다. 스트레스는 피부에 부정적인 영향을 미치며 여드름, 건조함, 민감성 피부 등을 유발한다. 유산균은 스트레스 반응을 완화하고 피부를 보호하는 데 기여할 수 있다.

✱ 여섯 번째, 스트레스 호르몬 조절

유산균은 스트레스 호르몬인 코르티솔의 수준을 조절하는 데 도움을 줄 수 있다. 과도한 스트레스로 인해 증가하는 코르티솔은 피부 상태를 악화시킬 수 있는데, 유산균은 이를 안정화하여 피부 건강에 도움을 준다.

건강한 식생활을 유지하기 위해서는 일상적인 식단에 유산균과 효소가 풍부한 음식을 포함하고, 영양소를 효과적으로 흡수할 수 있도록 식사를 조절하는 상호작용이 꼭 필요하다. 소화기 건강과 전반적인 건강을 지키는 데 도움이 될 뿐만 아니라, 피부의 건강과 탄력을 유지하는 데도 큰 도움이 될 것이다.

살아있는 음식으로
건강하게 섭취하는 구체적인 방법

발효식품

발효식품에는 유산균과 효소가 풍부하게 함유되어 있다. 유산균은 장 건강을 개선하고, 효소는 소화와 흡수를 돕고, 노화 방지에도 도움이 된다. 음식을 조리할 때는 가열 시간을 최소화한다. 음식을 가열하면 영양소가 파괴될 수 있다. 따라서 음식을 조리할 때는 가열 시간을 최소화하는 것이 좋다. 살아있는 음식을 꾸준히 섭취하면 건강한 피부를 가꾸는 데 도움이 된다. 이처럼, 살아있는 음식은 피부 건강에 많은 효과를 줄 수 있다. 비타민, 미네랄, 항산화 물질, 수분, 소화 효소 등의 영양소와 효소들이 피부를 촉진하고, 탄력을 유지하며, 피부 손상을 예방하는 역할을 한다. 이러한 이유로 살아있는 음식을 적절하게 섭취하여 피부 건강을 지키는 것이 중요하다.

발효식품은 미생물의 작용으로 원료의 구성 성분이 변화한

식품을 말한다. 발효식품에는 다음과 같은 종류가 있다.

- 콩 발효식품 : 된장, 간장, 고추장, 청국장, 두부, 콩나물 등
- 유산균 발효식품 : 요구르트, 치즈, 김치, 젓갈, 막걸리, 맥주 등
- 곡물 발효식품 : 식초, 청주, 쌀 엿, 누룩, 술 등
- 기타 발효식품 : 김치, 젓갈, 낫토, 청국장, 청주 등

발효식품은 다음과 같은 효능이 있다.

- 장 건강 개선 : 발효식품에 함유된 유산균은 장내 환경을 개선하고, 배변을 원활하게 하여 변비를 예방하는 데 도움이 된다.
- 면역력 강화 : 발효식품에 함유된 항산화 성분은 활성산소를 제거하고, 면역력을 강화하는 데 도움이 된다.
- 노화 방지 : 발효식품에 함유된 항산화 성분은 피부 노화를 억제하는 데 도움이 된다.
- 혈관 건강 개선 : 발효식품에 함유된 폴리페놀은 혈관을 튼튼하게 하고, 혈액순환을 개선하는 데 도움이 된다.

발효식품은 꾸준히 섭취하는 것이 좋다. 발효식품은 하루에 1~2회 정도 섭취하는 것이 적당하다. 발효식품을 섭취할 때는 다음과 같은 점에 주의해야 한다.

- 발효식품은 냉장 보관을 하여 섭취한다.
- 발효식품은 개봉 후에는 가급적 빠른 시일 내에 섭취한다.
- 발효식품은 알레르기가 있는 사람은 주의하여 섭취한다.

발효식품을 섭취하면 피부와 몸 건강을 지키는 데 도움이 된다. 발효식품은 미생물이나 효모를 이용하여 제조되어 맛과 향을 개선하고 영양소를 풍부하게 만든 식품이다. 미생물의 활동으로 식품 내부에서 일어나는 발효 과정은 유익한 미생물을 포함하며 소화 및 영양소 흡수를 도울 수 있다.

주요 발효식품과 섭취 방법

✽ 1. 요거트
- 성분 : 유산균이 우유를 발효시켜 만든 식품
- 이점 : 소화 개선, 장내 미생물 균형 유지, 칼슘 공급
- 섭취 방법 : 오트밀이나 그레놀라와 함께 아침 식사나 간식으로 직접 섭취하거나, 샐러드 소스나 스무디에 사용한다.

✽ 2. 요구르트
- 성분 : 우유를 락토바실러스 및 스트렙토코쿠스 미생물 군집으로 발효시킨 제품
- 이점 : 칼슘, 단백질, 프로바이오틱스 등 다양한 영양소

를 함유하며 소화 효과와 장 건강에 도움
- 섭취 방법 : 그대로 먹거나, 과일과 함께 섞어 스무디 형태로 섭취하거나, 다른 요리에 사용하여 다양하게 즐길 수 있다.

❋ 3. 김치

- 성분 : 배추 등의 채소를 발효시켜 만든 발효 채소. 유산균과 발효 과정에서 생기는 유익한 미생물이 풍부하며, 비타민C, 칼슘, 식이섬유 등을 함유
- 이점 : 유익한 미생물 제공, 소화 촉진, 항산화 효과
- 섭취 방법 : 밑반찬으로 직접 섭취하거나, 국물이나 볶음밥에 활용한다.

❋ 4. 치즈

- 성분 : 우유를 미생물 군집(주로 락토바실러스 및 스트렙토코쿠스)으로 발효시킨 후 응고시켜 만든 식품·단백질, 지방, 칼슘, 인, 비타민B12 등 다양한 영양소를 풍부하게 포함
- 이점 : 단백질 및 에너지 공급원으로 활용. 일부 치즈에는 소화 및 장 건강을 촉진하는 프로바이오틱스가 함유
- 섭취 방법 : 그대로 먹거나, 샌드위치, 피자, 파스타 등 다양한 요리에 사용한다.

❋ 5. 피클

- 성분 : 오이, 당근 등의 채소를 식초와 소금에 담가 발효

시켜 만든 식품
- 이점 : 소화 개선, 항산화 효과
- 섭취 방법 : 밑반찬이나 샐러드에 사용하거나, 간식으로 직접 섭취한다.

✱ 6. 발효된 된장 및 간장
- 성분 : 대두를 발효시켜 만든 된장 또는 간장
- 이점 : 소화 개선, 단백질 및 아미노산 공급
- 섭취 방법 : 찌개, 볶음요리, 간장 소스에 활용한다.

 이러한 발효식품은 다양한 영양소를 제공하며 소화 기능을 개선하고 장 건강을 촉진하는 데 도움을 줄 수 있다. 하지만, 식단을 변경하기 전에는 개인의 건강 상태와 알레르기를 고려해야 한다. 그리고 다양한 영양소와 유익한 미생물을 함유하므로, 적절한 섭취를 통해 건강에 도움을 줄 수 있다. 이처럼 다양한 이유로 현대인들은 효소 섭취를 통해 건강한 식습관을 유지하고 소화, 영양 흡수, 면역 시스템 등을 종합적으로 지원할 수 있다. 더 나아가 매력적인 피부와 건강이란 두 마리 토끼를 두 마리를 다 잡을 수 있다.

간편한 보충제로 유산균과 효소를 잘 섭취하기 위한 방법들

 유산균과 효소는 간편성을 통해 바쁜 일상에서도 손쉽게 섭취할 수 있다. 정확한 용량과 손쉬운 섭취로 영양 과다 또는 부족을 방지할 수 있다. 또한, 다양한 보충제로 특별한 필요에 맞취 선택할 수 있으며, 꾸준한 복용으로 소화 개선과 영양소 흡수 향상이 가능하다.

1. 꾸준한 복용 : 보충제를 꾸준히 복용하여 유산균과 효소를 지속적으로 공급한다. 정기적으로 섭취하여 소화 기능을 개선하고 장 건강을 유지해 준다.
2. 적절한 용량 : 제품의 권장 용량을 준수하고 넘지 않도록 한다. 과도한 섭취는 오히려 소화 불량을 유발할 수 있으므로 적정량을 지켜야 한다.
3. 식사 전 또는 식사 후 섭취 : 일반적으로 보충제는 식사 전 또는 식사 후에 섭취한다. 개인의 선호나 의사의 지시에 따라 적절한 시간에 섭취하도록 한다.
4. 수분과 함께 섭취 : 유산균과 효소는 충분한 물과 함께 섭취하는 것이 가장 좋다. 수분은 보충제의 흡수를 도와주고 소화에 도움을 줄 수 있다. 유산균과 효소를 섭취하는 방법은 개인의 상황에 따라 다를 수 있으므로, 전문가의 조언을 듣고 개인적인 취향과 상태에 맞게 조절하는 것이 중요하다.

Q. 유산균과 효소를 함께 섭취해도 되나요?

유산균과 효소를 함께 섭취하는 것은 일반적으로 안전하며, 오히려 상호보완적인 효과를 낼 수 있습니다. 유산균은 주로 소화관에서 유익한 세균을 유지하고 소화 기능을 지원하는 데 사용되며, 효소는 음식물을 소화하고 영양소를 생성하는 데 도움을 줍니다.

유산균은 소화관에서 활동하며 특히 대장에서 주로 발견됩니다. 반면, 효소는 위에서부터 소장까지의 소화관에서 다양한 위치에서 작용합니다. 따라서 유산균과 효소는 서로 다른 부위에서 활동하지만, 함께 섭취될 때 상호 보완적인 효과를 가져올 수 있습니다.

일반적으로, 식사 중 또는 식사 전에 유산균과 효소를 함께 섭취하는 것이 권장됩니다. 하지만 특별한 상황이나 개별적인 건강 상태에 따라서는 의료 전문가의 조언을 듣는 것이 좋습니다. 특히 어떤 효소나 유산균은 특정 상황에서는 필요하지 않을 수 있고, 과도하게 섭취할 경우 부작용이 발생할 수 있습니다.

PART.3
퍼스널 브랜딩 피부 실행

Chapter.1

**아름다운 피부의
70%는
당신이 씻는 것에
답이 있다**

클렌징만 잘해도
피부는 건강해진다

우리는 클렌징에 목숨을 걸어야 한다. 클렌징은 건강하고 아름다운 피부를 위한 필수 관문이다. 클렌징이 왜 중요한지에 대해서는 다음의 몇 가지 이유를 들 수 있다.

✱ 피부 장벽 강화 : 건강한 피부를 위한 첫걸음

클렌징은 피부 표면에 쌓인 먼지, 미세먼지, 메이크업, 피지, 각질 등을 제거하여 피부 장벽을 강화하는 데 중요한 역할을 한다. 건강한 피부 장벽은 외부 환경으로부터 피부를 보호하고 수분 손실을 방지하며, 면역력을 높여준다.

✱ 피부 노화 방지 : 시간의 흐름을 늦추는 핵심 전략

클렌징을 통해 피부 표면의 노폐물을 제거하면 피부의 세포 갱신을 촉진하여 새로운 세포의 생성을 도와 피부 재생 능력이 향상된다. 피부를 더욱 환하고 건강하게 유지하고 칙칙함, 주름, 기미 등 피부 노화의 징후를 예방하는 데 큰 도움이 된다. 그리고 깨끗하고 건강한 피부는 젊고 매력적인 외모를 유지하는 데 필수적이다.

✱ 피부 흡수력 향상 : 영양 공급을 위한 최적의 환경 조성

클렌징은 피부 표면에 쌓인 노폐물을 제거하여 화장품, 스킨케어 제품의 흡수력을 향상시킨다. 깨끗한 피부는 영양 성분을 효율적으로 흡수하여 피부 건강을 증진하고, 피부관리 효과를 극대화하는 데 도움이 된다.

✱ 피지 조절, 여드름 예방 및 개선 : 깨끗한 피부는 건강한 피부

적절한 클렌징은 피부의 피지를 제어하여 여드름과 같은 피부 문제를 예방하고 개선하는 데 도움이 된다. 피부 표면의 먼지, 미세먼지, 피지 등이 쌓이면 여드름 발생 가능성이 높아진다. 클렌징을 통해 피부를 깨끗하게 유지하면 여드름 발생을 예방하고, 기존 여드름 개선에도 효과적이다.

✱ 올바른 피부 pH 유지

적절한 클렌징은 피부 pH를 유지하는 데 도움이 된다. 피부의 pH 균형은 피부 건강을 유지하는 데 중요하며, 적절한 클렌징은 이를 유지하는 데 도움이 된다.

✱ 긍정적인 마음 상태 : 자신감과 만족감을 높이는 아름다움

건강하고 아름다운 피부는 자신감과 긍정적인 마음 상태를 가져다 준다. 클렌징을 통해 피부 건강을 증진하고 자신감 있는 외모를 유지하면 삶의 만족도를 높일 수 있다.

매력적인 피부의 중요성을 인식하자!

피부는 우리 몸의 큰 기관 중 하나로, 우리의 외모뿐만 아니라 건강과 자아 이미지에도 큰 영향을 차지한다. 매력적인 피부는 우리가 건강하고 활기찬 느낌을 받을 수 있게 해주며, 자신감을 높여준다. 하지만 현대 사회에서는 여러 요인으로 인해 피부 건강이 저하되기 쉽다. 외부 환경 오염, 스트레스, 부족한 식생활, 수면 습관 등이 피부에 부정적인 영향을 미칠 수 있다.

피부의 구조와 기능을 살펴보게 되면, 피부는 우리 몸을 보호하고 외부 환경에의 노출로부터 보호하는 데 중요한 역할을 한다. 피부는 세 가지 주요 층으로 구성되어 있으며, 각 층은 특정한 기능을 수행한다.

❋ 피부의 층 구조

- 표피 : 피부의 가장 외부에 위치하며, 외부 환경으로부터의 보호 역할을 담당한다. 표피는 다양한 종류의 세포로 구성되어 있으며, 케라틴이라는 단백질이 피부의 강도와 탄력을 제공한다.
- 진피 : 피부의 중간층으로, 신진대상층, 섬유아세포, 혈관 등이 있다. 이 층은 피부의 구조적인 지지를 제공하고, 혈액 순환과 영양 공급을 돕는다.

- 피하조직(피하): 피부의 가장 깊은 층으로, 지방 세포, 결합 조직 및 혈관이 있다. 피하조직은 체온 조절과 충격 흡수를 포함한 여러 가지 기능을 수행한다.

✱ 피부의 기능
- 보호 기능 : 피부는 물리적 충격, 세균 및 바이러스의 침입, 자외선 및 화학 물질로부터 몸을 보호한다.
- 수분 조절 : 피부는 수분을 측정하고 유지하여 피부의 탄력과 부드러움을 유지한다.
- 체온 조절 : 혈관의 확장 및 수축을 통해 체온을 조절하여 내부 온도를 유지한다.
- 감각 전달 : 피부는 온도, 압력, 통증 등의 감각을 전달하여 환경과 상호 작용한다.
- 비타민D 생산 : 피부는 자외선에 노출되어 비타민D를 생산하여 뼈 건강을 유지한다.

피부 타입의 특징
개인의 피부는 각기 다른 특징을 가지고 있으며, 주로 다음과 같은 네 가지 주요 유형으로 분류된다.
- 건성 피부 : 건성 피부는 보통 유수분을 잘 유지하지 못하고 탄력이 부족한 특징을 가지고 있다. 피부가 건조하고 가렵거나 간지러울 수 있다.
- 지성 피부 : 지성 피부는 피지 분비가 과다한 특징을 가지고 있다. 피부가 유분이 많이 발생하거나 광택이 나는

특징을 보이며 여드름 발생 가능성이 높을 수 있다.
- 복합성 피부 : 복합성 피부는 피부의 여러 부위에 다양한 특징을 가지고 있는 경우를 말한다. 보통 T 존(이마, 코, 턱)이 지성이고 볼 부분이 건성일 수 있다.
- 중성 피부 : 중성 피부는 기름과 수분의 균형이 적절하게 유지되는 경우를 말한다. 피부가 탄력이 있고 유연하며, 여드름이나 건조함이 드물게 나타난다.

이러한 피부 유형에 따라 적절한 피부 관리 방법을 선택할 수 있다.

각 피부 유형에 맞는 클렌징 방법

- 건성 피부 : 건성 피부는 수분이 부족하고 건조할 수 있으므로, 너무 강한 클렌징 제품을 사용하지 않는 것이 중요하다. 부드러운 젤 또는 크림 클렌저를 사용하여 피부를 부드럽게 러빙해준다. 올바른 보습제를 사용하여 피부를 적절하게 유지하는 것이 중요하다.
- 지성 피부 : 지성 피부는 피지 분비가 과다할 수 있으므로, 오일 컨트롤이나 피지 흡수에 효과적인 클렌징 제품을 사용해야 한다. 저자극성이면서 피지 제거 효과가 있는 클렌저를 선택해야 한다. 젤 또는 폼 타입의 클렌저가 적합하다. 따라서 피부를 너무 건조하게 만들지 않도록 하고 적절하게 보호할 수 있도록 한다.
- 복합성 피부 : 복합성 피부는 피부의 다른 부위가 다른

특징을 보일 수 있으므로, T 존과 볼 부분을 각각 고려해야 한다. T 존에는 지성 피부용 클렌저를 사용하여 피지를 조절하고, 볼 부분에는 보습력이 좋은 밀크클렌저를 사용하여 건조함을 방지한다.

- 중성 피부 : 중성 피부는 피부의 수분과 유분이 균형 있게 유지되는 피부이므로, 부드러운 클렌징 제품을 사용하여 피부를 깨끗하게 해주면 된다. 젤 또는 폼 타입의 클렌저를 사용하여 피부를 산뜻하게 유지하고, 피부 유형에 따라 적절한 클렌징 제품을 선택하여 매일 아침과 저녁에 규칙적으로 클렌징을 실시하여 피부를 깨끗하게 해야 한다. 또한 클렌징 후에는 적절한 보습제를 사용하여 피부를 보호하고 수분을 공급해야 한다.

피부는 꼭 이 네 가지의 유형으로 딱 분리가 되는 것은 아니다. 기준점에서 생각하는 데만 참고하면 된다. 우리 피부는 유동적인 성질을 가지고 있기 때문에 나의 컨디션이나 날씨와 감정에도 영향을 받게 된다. 제일 중요한 사실은 잘 씻기만 해도 피부 컨디션을 유지할 수 있다. 그 이유는 클렌징을 어떻게 하는가에 따라 나의 피부 컨디션은 달라지기 때문이다.

02

클렌징은 피부의
시작이다!

클렌징은 건강하고 아름다운 피부를 위한 필수적인 과정이지만, 잘못된 클렌징은 오히려 피부 건강에 심각한 문제를 야기할 수 있다. 여기 잘못된 클렌징으로 인해 발생하는 5가지 주요 문제점을 상세히 살펴보자.

잘못된 클렌징으로 인한 피부 문제와 건강과
아름다움을 위협하는 5가지 위험 요소

✱ 1. 피부 장벽이 손상된다

피부 장벽은 외부 환경으로부터 피부를 보호하고 수분 손실을 방지하는 중요한 역할을 한다. 과도한 클렌징, 강력한 클렌징 제품 사용, 뜨거운 물 사용 등은 피부 장벽의 지질층을 손상시킬 수 있다. 건조함, 촉촉함 감소, 붉은 기, 민감함, 가려움, 피부 탈수, 피부 탄력 저하, 염증 발생 등의 증상이 나타날 수 있다.

✱ 2. 피부의 탈수를 일으킨다

과도한 클렌징, 강력한 클렌징 제품 사용, 뜨거운 물 사용, 부적절한 보습 등은 피부 탈수의 원인이 될 수 있다. 피부 탈수의 증상으로는 건조함, 촉촉함 감소, 피부가 거칠어지며 피부 표면에 요철이 자주 생긴다.

✱ 3. 피부 민감도 증가한다

잘못된 클렌징은 피부 장벽을 손상하고 외부 자극에 대한 민감도를 높일 수 있다. 피부 민감도 증가의 증상은 붉은 기, 가려움, 따가움, 피부 팽팽함, 쓰림, 발진, 염증 등의 증상이 나타날 수 있다.

✱ 4. 여드름 악화되는 원인이 될 수 있다

과도한 클렌징은 피부 표면의 자연적인 보호막을 제거하고 피지를 과도하게 분비해 여드름을 악화시킬 수 있다. 또한, 강력한 클렌징 제품은 피부를 자극하여 염증을 유발하고 여드름 발생 가능성을 높인다. 여드름 악화의 증상으로는 여드름 발생 증가, 염증 악화, 여드름 흉터 등이 나타날 수 있다.

✱ 5. 피부 노화를 가속화시킨다

잘못된 클렌징은 피부 장벽을 손상하고 피부 탄력을 저하시켜 노화를 가속화한다. 또한, 탈수되고 민감해진 피부는 주름, 기미, 검버섯 등 노화 징후를 더욱 뚜렷하게 드러낸다.

올바른 클렌징을 하게 되었을 때 피부에 이로운 점

- 피부 장벽 보호 : 올바른 클렌징은 피부 장벽을 보호하고 유지하는 역할을 한다. 피부 장벽은 외부 환경으로부터의 노출로부터 피부를 보호하고 수분을 유지하는 중요한 역할을 한다.
- 피부 장벽과 각질 형성 : 각질은 피부의 외부층을 형성하는 주요 구성 요소 중 하나이다. 피부 장벽은 이러한 각질층을 통해 형성되며, 각질층은 피부 장벽의 일부로 작용하여 외부 물질의 침입을 방지하고 수분을 보존한다.
- 각질 탈락 주기와 피부 장벽의 유지 : 각질 탈락 주기는 새로운 각질 세포가 생성되고 피부 표면으로 이동하여 떨어지는 과정을 포함한다. 이 과정은 피부 장벽을 유지하고 피부를 새롭게 갱신하는 데 중요한 역할을 한다. 새로운 각질 세포가 피부 표면으로 이동하면서 기존의 오래된 세포들이 벗겨지고, 이는 피부의 신선함과 매끄러움을 유지하는 데 도움이 된다.
- 피부 장벽 손상과 각질 탈락 주기의 변화 : 피부 장벽이 손상되면 각질 탈락 주기도 영향을 받을 수 있다. 각질 탈락은 약 28일 동안 새로운 세포가 피부 안쪽에서 바깥쪽으로 이동하고, 마지막으로 피부 표면에서 벗겨지는 과정을 거친다. 외부 요인이나 피부 질환으로 인해 피부

장벽이 손상되면 각질 탈락 주기가 불규칙해질 수 있다. 이는 각질의 이상적인 형성과 탈락이 방해되어 피부 건강에 악영향을 줄 수 있다.
- 피지와 노폐물 제거 : 클렌징은 피부에 쌓인 피지, 먼지, 오염물질, 화장품 잔여물 등을 제거하여 피부를 깨끗하게 만든다. 이는 피부 표면의 여러 문제를 예방하고 피부를 건강하게 유지하는 데 중요하다.
- 피부 탄력 유지 : 적절한 클렌징은 피부의 탄력을 유지하는 데 도움이 된다. 피부에 쌓인 노폐물은 피부를 무겁게 만들고 탄력을 떨어지게 만든다. 좋은 영양분을 흡수해야 윤택하고 탄력 있어 보이는 피부가 만들어지는데 클렌징이 깨끗이 되지 않으면 각질층에 묶은 각질 때문에 화장품의 흡수율이 떨어진다. 즉 제품이 겉돌게 되면 피부에 영양결핍이 생길 수밖에 없으며 속 건조를 유발할 수 있다.
- 피부 질환 예방 : 제대로 된 클렌징은 여드름, 피부염, 트러블 등의 피부 질환을 예방하는 데 도움이 된다. 깨끗한 피부는 미생물의 번식을 억제하고 피부를 건강하게 유지하는 데 필요하다.

올바른 클렌징을 위해 꼭 알아야 하는 사항

- 적절한 제품 선택 : 피부 타입에 맞는 적절한 클렌징 제품을 선택하는 것이 중요하다. 건성, 지성, 복합성 등 각

각의 피부 타입에 맞는 제품을 선택하여 피부를 부드럽게 클렌징을 해야 한다.
- **적절한 클렌징 기술** : 클렌징을 할 때 너무 강하게 마사지하거나 너무 자주 클렌징하는 것은 피부를 손상시킬 수 있다. 적당한 흡수 시간을 가지며 부드러운 강도로 클렌징을 해주는 것이 필요하다.
- **규칙적인 클렌징** : 피부는 하루에 여러 번 노출되고 먼지나 오염물질과 접촉하므로, 아침과 저녁에 규칙적으로 클렌징을 해야 한다. 화장을 안 하는 경우에는 피부를 보호하는 막이 약하기 때문에 건성피부의 경우 더욱 더 건조해지고 지성피부의 경우 건조함 때문에 피부를 보호하기 위해 피지 분비량이 많아져서 유분이 많이 생길 수 있다. 그렇기 때문에 클렌징 제품의 충분한 흡수 시간을 가져줘야 한다. 그리고 화장을 한 경우에는 꼭 이중 세안을 해주어야 한다.
- **피부 타입에 맞는 클렌징 루틴** : 각자의 피부 타입에 맞는 클렌징 루틴을 유지하는 것이 중요하다. 건성 피부는 보습력이 높은 클렌징 제품을 사용하고, 지성 피부는 피지 제거 효과가 있는 클렌저를 사용해야 한다. 복합성 피부의 경우 좀 더 적절한 타입의 세안제를 피부에 맞게 적용하여 사용하면 더 좋다.

피부를 깨끗하게 만들면서도 피부 장벽을 보호하고 유지하는 세안의 기본적인 원칙과 각 피부 타입에 따른 세안 방법은 아래와 같다.

* **세안의 기본 원칙**
  - 적절한 온도의 물 사용 : 너무 뜨거운 물은 피부를 건조하게 만들 수 있으므로, 온도가 적절한 미지근한 물을 사용해야 한다.

* **부드러운 클렌저 선택하기**
  - 피부 타입에 맞는 부드러운 클렌저를 선택한다. 너무 강한 성분이나 화학물질이 함유된 제품은 피부를 자극할 수 있다.

* **부드럽게 러빙하기**
  - 부드럽게 원을 그리며 클렌징을 진행한다. 너무 강하게 터치하면 피부 장벽을 손상시킬 수 있으므로 주의하여 부드럽게 꼼꼼하게 흡수시키며 러빙 해준다. 제품이 마르면 물을 약간 손에 묻혀서 2~3분 정도 원을 그리며 부드럽게 마사지 해준다.

* **철저하게 자극 없이 헹구기**
  - 클렌징 후에는 충분한 물로 피부를 깨끗하게 헹구어서 클렌징 제품이나 노폐물이 남지 않도록 한다.

* **보습**

- 세안 후 수건으로 너무 세게 닦지 않는 것을 원칙으로 한다. 특히 거친 수건은 피부에 자극이 될 수 있기 때문에 가볍게 누르듯이 닦아준다. 얼굴이 마르기 전 적절한 보습제를 사용하여 피부를 보호하고 수분을 공급해 준다.

피부를 건강하게 유지하기 위해 일정한 클렌징 루틴을 유지하는 것이 중요하다. 클렌징은 피부 관리의 기본이며, 적절한 세안 방법을 유지하여 피부를 건강하고 깨끗하게 유지하자. 특히 피부 타입에 맞는 클렌징 제품과 방법을 선택하여 피부를 적절하게 관리하는 것이 중요하다. 잘못된 클렌징은 피부 건강에 심각한 문제를 야기할 수 있으므로 피부 타입에 맞는 올바른 클렌징 방법을 실천하고, 피부 건강 관리에 꾸준히 노력하여 건강하고 아름다운 피부를 유지하길 바란다.

클렌징 시작 전에 알면
피부가 좋아지는 방법 3가지

우리는 피부가 좋아지려고 이것저것 검색해서 효과 있다고 하는 방법들을 많이 따라 해보곤 한다. 제일 중요한 것은 피부가 좋아지려면 먼저 비워주고 채워주는 것이다. 이때 비워주는 것은 '클렌징'에 속하는데 클렌징은 피부관리에서 정말로 큰 비중을 차지한다. 클렌징은 피부를 보호하는 피부 장벽을 건강하게 만드는 것부터 시작된다.

피부에 투자하는 것이 비용과 시간이라면, 시간에서는 클렌징에 좀 더 투자해 보는 것을 추천한다. 우리의 피부 장벽이 좋아지면 좋아질수록 클렌징에 투자하는 시간은 점점 줄어들 것이다. 피부 면이 고르지 못하고 약하게 되었을 때 좋은 유효성분을 흡수하고 싶어도 피부는 그런 좋은 성분들을 오랫동안 얼굴에 담지 못한다. 건강한 피부장벽을 만드는 것이야말로 내 피부의 컨디션을 한층 끌어 올리는 것이라고 장담한다.

얼굴에 제일 많이 손이 갈 때가 세안을 할 때 제일 자극이 될 수 있는데, 과연 우리 손은 정말로 깨끗한 걸까? 깨끗이 손을 씻는다고 해도 손톱 안에 쌓여 있는 균까지 완벽하게 차단하지는 못할 것이다. 지금 알려주는 방법은 여태껏 5,000명 이상 사람들의 얼굴과 피부를 코칭하면서 추천해 준 노하우이며, 부작용이 없고 피부가 빠른 시간 내에 좋아지는 성과를 거둔 솔루션이므로 필수로 숙지하여 실천하게 된다면 아마도 좋은 결과를 가져올 수 있다고 확신한다.

1. 클렌징 할 때 니트릴 장갑을 꼭 착용할 것!

니트릴 장갑은 합성고무 소재로 만들어진 장갑으로, 라텍스 장갑의 알레르기 단점을 보완하기 위해 만들어졌다. 니트릴 장갑은 강도 및 내화학성이 뛰어나서 의료용, 산업용, 요리용 등으로 폭넓게 활용되고 있다. 코로나19로 인해 필수적인 위생용품으로 인식되어 수요가 증가하고 있는 추세이다. 클렌징을 할 때 니트릴 장갑을 착용하게 되면 손의 세균을 막아주며 맨손으로 제품을 발랐을 때 손바닥에 흡수되는 것을 막아주며, 얼굴에 형성된 각질의 요철들을 충분히 느낄 수 있어서 세정을 할 때 꼼꼼하게 클렌징 할 수 있는 환경이 만들어진다. 너무 극성이라고도 생각할 수도 있겠지만 장갑을 끼고 하게 되면 훨씬 더 외부의 자극을 덜 받으며 깨끗하게 세정할수 있다. 그리고 두피도 피부인데 머리를 감을 때도 머리숱이 많으면 두피에 있는 노폐물이 잘 안 씻길 때도 있다. 이때 장갑을 끼고 샴푸를 하면 큰 도움이 된다. 현재 나의 클렌징 방법이 자신이 생각했을 때 틀리지 않았는데도 호전이 되지 않는다면 꼭 해봐야 하는 방법이기도 하다. 똑같은 시간을 피부에 투자하면서 조금 더 효율적인 방법을 찾았고 이 방법이 피부에 절실한 많은 사람에게 큰 도움을 주게 되었다. 얼굴에 알레르기나 트러블로 고생한 사람들조차도 이 방법을 쓰고 모든 사람이 변화를 느끼거나 좋아진 사례들이 아주 많다. 그리고 제품을 바를 때도 장갑을 낀 상태로 발라주면 훨씬 흡수가 많이, 잘되는 것을 느낄 수 있을 것이다.

2. 자극적인 각질 제거(딥클렌저)보다는 반신욕이나 얼굴 스팀을 추천한다

각질이 탈락이 되지 못하는 것은 혈액순환의 정체로 나의 죽은 세포가 각질이 되면서 탈락하지 못하고 얼굴에 붙어 있어 피부 표면이 건조해지기 때문이다. 피부가 건조한 상태에서 무리하게 각질을 제거하게 된다면 얼굴은 더 예민해진다.

반신욕은 몸의 체온을 올려주고 따뜻한 수증기가 얼굴에 있는 묵은 각질을 불려주고 모공을 열어주는 효과가 있다. 체온이 올라가면 모공이 자연스럽게 열리고 모공에 남아있는 잔여 노폐물과 피지들이 저절로 밖으로 나가려고 한다. 그렇게 되면 각질이 저절로 탈락되어 각질 제거를 굳이 할 필요가 없다.

불은 각질은 솜보다 부드러운 일회용 해면으로 얼굴을 부드럽게 닦아주기만 하면 된다. 태어난 지 얼마 안 되는 아기들은 자극이 될 수 있기 때문에 손수건에 따뜻한 물을 묻혀서 닦는 모습을 볼 수 있는다. 따로 세정제를 거의 사용하지 않는다. 우리도 굳이 화학제품을 사용하여 각질을 벗겨낼 필요는 없다. 물론 특수한 경우에는 필요로 할 때가 있지만 요즘은 벗겨내는 방식이 자극적이며 일상생활에 불편함을 느끼기 때문에 자극적인 방법보다는 수분과 영양을 넣어줘서 저절로 각질이 탈락될 수 있는 환경을 만드는 것이 추세이다. 예전에 물로만 세안하는 것이 유행하기도 했는데, 아마도 이 역시 자극을 최소화하는 원리에 바탕해 유행했던 것으로 추측된다.

스팀을 이용한 얼굴 관리는 따뜻한 증기를 얼굴에 쐬어주는 훈증 방식인데, 너무 뜨거운 온도보다는 미지근한 것보다 조금 더 따뜻하다 싶은 온도로 얼굴에 2~3분, 2번 정도 해주는 것이 좋다. 마지막에는 약간의 찬물 세안으로 모공을 막아준다. 이 두 가지 방법만 일주일 동안 번갈아서 해주면 아마도 큰 도움이 될 것이다. 하지만 홍조 예민 피부와 염증성 트러블의 경우는 얼굴 스팀은 추천하지 않는다.

한편 반신욕을 하게 되는 경우에는 물을 무릎 위 10cm 정도까지의 높이로 추천하며 10~15분 정도를 권한다. 몸이 순환되면서 얼굴에 열이 생길 수 있기 때문에 각별히 신경을 써서 하는 것을 추천한다.

모든 일에는 기본이 제일 중요하다. 기본에 충실하며 기본을 했을 때에도 변화가 없다면. 방법에 대한 부분들이 자신과 맞지 않아서이다. 그럴 때 자기 자신이 판단이 서지 않게 되면 전문가의 도움을 받는 것을 추천한다.

3. 피부장벽이 무너졌을 때는
클렌징 흡수 시간을 충분히 가져보자

클렌징을 할 때 적정한 시간은 3분이라고 한다. 그 말이 틀린 건 아니지만 클렌징하기 위한 전 단계를 포함하는 시간은 아니다. 보통의 피부는 여성의 경우 화장을 한 때를 기준으로 이중 세안을 해야 할 경우 1차 클렌징 3분, 2차 클렌징 3분, 이렇게 진행한다. 피부가 많이 건조한 경우는 어느 정도 제품이 흡수될 수 있는 시간을 1분 정도는 추가로 갖는 것을 추천한다.

1차 클렌징을 얼굴에서 1분 정도 도포해 두면 피부가 흡수할 수 있는 시간을 갖게 했을 때 클렌징이 훨씬 잘된다. 눈화장을 한 경우는 '3분+닦아내는 시간'이 더 걸린다고 보면 된다. 아이리무버로 제거할 때 색조가 많이 들어간 경우 면봉을 젖은 상태에서 눈의 점막 입구까지도 청결하게 한 번 더 닦아주어 착색되는 것을 예방하는 것이 중요하다.

앞의 3가지의 방법으로 클렌징을 한다면 좋은 결과를 가져올 수 있다. 보통은 화장한 상태에서 클렌징을 준비하는 과정까지 포함하면 20분 정도가 걸린다. 처음에는 그렇지만 피부장벽이 좋아지고 건강해지면 제거할 것들이 조금이 없어지기 때문에 점차 시간은 줄어들 것이다. 맨얼굴 상태가 클렌징한다고 무조건 시간이 적게 걸리는 것은 아니다. 맨얼굴로 다니면 그만큼 피부를 보호할 수 없기 때문에 오히려 피부가 건조해져서 각질이 많이 생길 수 있다.

부모님께 좋은 피부를 물려받았다고 해서 방심은 금물이다. 피부가 좋아질 수밖에 없는 환경을 만드는 것부터 차근차근 시작해 보자!!

04

매력적인 피부를 위해 반드시 알아야 하는 피부 각질화 과정 28일

    피부는 우리 몸의 가장 바깥쪽을 덮고 있는 기관으로, 외부로부터의 자극을 막아주고 체온을 조절하는 역할을 한다. 피부의 구조는 크게 표피, 진피, 피하조직으로 나뉘는데, 표피는 피부층 중 가장 바깥쪽에 위치한 얇은 층으로, 각질층, 기저층, 과립층, 유극층, 각질형성층으로 구성되어 있다.

    각질층은 표피의 가장 바깥쪽을 이루는 층으로, 피부를 보호하는 역할을 한다. 각질층은 각질세포로 이루어져 있는데, 각질 세포는 기저층에서 생성되어 점차 상층부로 밀려나면서 탈락하게 된다. 이 과정을 '각질화 과정'이라고 한다.

    각질화 과정의 주기를 이해하는 것은 피부 건강에 중요한 역할을 한다. 각질주기는 크게 4단계로 나눌 수 있다.

1. 생성 단계 : 피부 최하층에 위치한 피부 세포가 신속하게 분열하여 새로운 세포를 생성하며 이 새로운 세포들은 피부의 상피층으로 이동하며 세포 내에서 단백질인 케라틴이 형성된다.
2. 성장 단계 : 새로 생성된 세포들은 상피층으로 이동하면서 성장한다. 이 단계에서 각 세포는 점차 케라틴으로 덮이며, 세포 간의 연결이 강화되게 된다.
3. 탈락 단계 : 성장한 세포들은 피부 표면으로 이동하면서 점차 각질화된다. 이 단계에서 세포들은 건조하고 단단해지며, 피부 표면에서 자연스럽게 탈락한다.
4. 재생 단계 : 탈락한 세포들이 피부 표면에서 제거되면, 다시 생성 단계가 시작된다. 이러한 과정은 지속해서 반복되며, 정상적인 각질 주기는 약 28일 정도 소요된다.

각질화 과정은 대략 28일의 주기를 거치며, 이를 피부 재생주기라고 한다. 즉, 정상적인 피부라면 약 28일마다 새로운 각질층이 형성되고, 낡은 각질층이 떨어져 나가는 것이다.

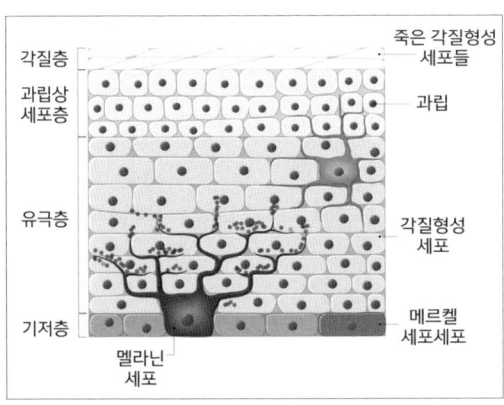

피부 재생주기는 나이가 들수록

길어지며, 호르몬의 변화, 스트레스, 자외선, 흡연, 영양 상태 등 다양한 요인에 의해 영향을 받을 수 있다. 피부 재생주기가 정상적으로 이루어지지 않으면 피부 건강에 문제가 생길 수 있다. 예를 들어, 각질이 과도하게 쌓이면 피부 표면이 거칠어지거나 각질층이 두꺼워져 모공이 막히고 트러블이 발생하거나 표정 근육에 의한 주름이 생길 수 있으며, 반대로 각질이 너무 빨리 떨어져 나가면 피부가 건조하고 민감해질 수 있다.

▍얼굴 부위마다 달라지는 각질 주기

얼굴의 각질 주기는 부위마다 다르게 나타난다. 이는 각 부위의 피부 두께와 유분 분비량, 그리고 피부에 가해지는 자극 등이 다르게 영향을 미치기 때문이다.

첫 번째로 피부의 두께가 얇고 뼈가 드러나는 곳 중 이마나 광대의 경우 건조하기 쉽다. 대부분이 돌출되어 있기 때문에 다른 부위보다 피부가 얇고 자극이 많이 갈 수 있다.

두 번째는 얼굴 부위 중 열감이 많이 나타나는 곳에 각질이나 피지가 잘 생길 수 있다. 예를 들어, 볼이나 광대의 경우 잘 붉어진다면 열에 의해 빨리 건조해져 각질이 더 잘 생긴다. 턱이나 코는 피지 분비량에 의해 유분이 많이 생성되어 피지 또는 트러블이 잘 생길 수 있는 부분들이 있다.

노화가 시작되면 28일 주기는 점점 느려진다. 아마도 혈액 순환의 영향과 신진대사 저하로 인한 탓일 것이다. 이를 위해서는 다음과 같은 방법을 실천할 수 있다.

- 충분한 수분 섭취와 영양단계 : 음용하는 방법과 바르는 방법을 둘 다 가져야 한다. 몸이 건조하면 얼굴도 건조해질 수 있다. 그래서 얼굴만큼이나 몸에도 발라주는 것이 매우 중요하다.
- 규칙적인 운동 : 무리한 운동이 아니더라도 고정된 자세를 피하고 우리 몸의 관절 움직임을 좋게 만들어 줘야 한다.
- 스트레스 해소 : 스트레스를 받게 되면 피로물질이 많이 쌓여 활성 산소가 생기게 되고, 그로 인해 염증화된다.
- 자외선 차단 : 얼굴에 열을 최대한 차단해 주는 것이 좋다.
- 건강한 식단 : 좋은 영양분을 섭취할 때 몸에서 해독작용과 정화작용이 일어나게 된다.
- 건강한 각질 제거 습관 : 과도한 각질 제거를 피하고 건강한 클렌징 방법으로 피부 장벽을 보호하기

이처럼 각질 세포의 탈락 28일 주기가 무너지지 않게 만들어 피부에 노화를 지연시키며 더 피부의 안정감을 줄 수 있다. 클렌징은 보통 볼 ⋯ 코⋯ 이마 ⋯ 턱 ⋯ 목의 순서대로 하되 목에 주름이 많고 아주 건조하다면 목 먼저 하는 것도 하나의 방법이다. 건조하거나 고민이 있는 피부 부위를 먼저 터치해준다. 도포 후

흡수할 시간을 1분 정도 두면 좋다. 그 상태에서 물을 약간 묻혀 한 번 더 러빙해주게 되면 침투가 잘되어 세정의 역할을 잘할 수 있다. 항상 제품을 바를 때도 순서는 동일하다. 기초화장품의 경우도 많이 건조하고 열감이 많은 부위부터 순서대로 흡수 시켜주는 것이 좋다. 예를 들어, 많이 건조하다면 볼 부분에 먼저 제품을 흡수시킨 다음, 흡수가 다 되고 나면 전체적으로 한 번 더 흡수한 후 레이어링 해주면 얼굴 전체의 균형을 맞추는 데 큰 도움이 된다.

Chapter. 2

몸값을 올리는 무기가 되는 퍼스널 브랜딩 피부 7단계

01

피부 문제의 근본적인 원인은 열 때문이다

얼굴은 우리의 외모와 자신감을 결정짓는 중요한 부분이다. 그러나 여름철과 같은 뜨거운 날씨나 추운 환경에 노출될 때, 우리의 피부는 여러 가지 문제를 겪게 된다. 이러한 열에 의한 데미지는 피부의 건강을 저해하고 다양한 피부 문제를 유발할 수 있다. 열은 피부를 건조하게 하며 피지 분비를 촉진하고 피지선의 활동을 증가시켜 여드름과 좁쌀이 발생하기 쉽다는 점을 고려해야 한다. 또한, 열에 노출되면 피부 염증이 발생할 수 있고, 피부의 수분이 증발하여 탈수와 건조함이 발생하여 주름이 생기기도 한다. 홍조와 확장된 모공, 그리고 안색의 변화도 열에 의해 영향을 받을 수 있다.

열은 우리의 피부에 미치는 영향을 무시할 수 없는 중요한 요소이다. 여름철의 경우 기온이 높고 다습한 환경에서는 피부가 더욱 민감해지고 다양한 문제를 겪을 수 있다. 또한 겨울철에도 피부는 다양한 문제를 겪게 되는데, 주된 이유는 낮은 온도와 건조한 환경으로 인한 피부 수분 감소 및 외부 자극에 노출되기 때문이다. 여름철과는 달리 겨울철에 피부는 건조해지고 혈액순환이 둔화하는 경향이 있다. 나는 지속해서 20년 동안 피부 전문가로서 열에 의한 원인으로 발생하는 피부 문제를 끊임없이 연구하고 있다.

열에 의한 얼굴 피부의 5가지 문제점

✹ 1. 좁쌀 여드름(비염증성 병변)

- 화이트헤드(Closed Comedo) : 모공 입구가 폐쇄된 상태로 피지가 모공 속에 가득 차 있어 피부 표면에 돌기가 좁쌀 형태로 올라와 있다. 주로 이마에 발생하며 흰색 여드름 또는 닫힌 여드름이라고도 한다.
- 블랙헤드(Open Comedo) : 검고 딱딱한 피지 덩어리가 피부 밖으로 밀려 나온 형태이다. 주로 코나 그 주위 혹은 모공이 큰 곳에 쉽게 생긴다. 피지가 모공 밖으로 완전히 배출되지 못한 상태에서 공기와 접촉하여 산화되어 색이 검게 변한다. 검은 여드름 혹은 열린 여드름이라고 부른다.

열로 인하여 피부가 건조해지면서 피지 분비가 촉진되고 피지선의 활동을 증가시킬 수 있어 여드름과 좁쌀이 발생하기 쉽다. 얼굴에 수분이 많이 부족한 상태가 되기 때문에 각질 탈락의 주기를 맞춰주어 모공이 막히지 않게 해야 한다. 그러려면 클렌징을 꼼꼼하게 하는 것이 중요하며, 클렌징 이후 피부 타입에 맞는 영양과 수분공급이 잘되어야 한다.

✱ 2. 피부염증 : 트러블(염증성 병변)과 지루 피부염(피부질환)

더운 날씨나 열에 노출되면 피부 염증이 발생할 수 있다. 이는 피부의 염증 반응으로 일반적으로 붉은 반점, 가려움증, 또는 피부가 따가울 수 있는 것을 포함한다.

트러블(염증성 병변)
- 구진(Papule) : 구진은 피부의 표면에 돌출된 붉은색의 여드름으로, 모낭이 파열되지 않고 피지와 각질이 모아져 형성된다. 이는 주로 피부의 염증 반응에 의해 발생하며, 염증성 여드름의 한 형태이다. 가려움, 경미한 압통, 부종, 선홍색 염증 등의 증상이 나타날 수 있다.
- 농포(Pustule) : 붉은색 여드름으로 모낭이 파열되어 있는 상태이다. 구진 상태가 2~3일 지난 후 염증이 진정되는 시기로 고름이 피부 표면에서 몰려있는 것을 볼 수 있다. 황색 또는 노란색의 둥근 고름은 피부 안에서 백혈구와 박테리아, 세균 등의 잔재이다. 피부의 표면에 흰색 또는 노란색의 화농 물이 축적된 형태로 주로 피지선의 과도한 활동으로 인해 모낭이 막히고 염증 반응이 발생하여 형성된다. 농포는 주변 부위가 붉거나 염증이 동반될 수 있으며, 가려움과 통증을 동반할 수 있다.
- 화농성 여드름 : 모낭 안에 세균 감염이 발생하여 화농 물이 축적된 형태로 염증성 반응에 의해 발생하며, 피부

의 표면에 흰색 또는 노란색의 화농 집이 형성된다. 화농성 여드름은 모낭 안의 염증 반응에 따라 발생하며, 주변 부위의 염증이 동반될 수 있다.

지루성 피부염

지루 피부염은 피지선의 과도한 활동과 각질의 비정상적인 생장으로 인해 발생하는 피부 질환이다. 일반적으로 피부의 지성 부위에서 발생하며, 특히 얼굴의 코, 이마, 눈썹 주변 등에 주로 나타난다. 이러한 부위는 피지선이 밀집되어 있어 지루성 피부가 발생하기 쉬운 곳이다.

지루성 피부의 주요 특징은 다음과 같다.

- 피지 과다 : 지루성 피부는 피지선의 활동이 과도하게 증가하여 피부에 지나치게 많은 피지를 생성한다. 이는 피부를 유분기가 많고 유분이 고여있는 상태로 만든다.
- 비듬 : 지루성 피부는 피부 표면에 비듬이 생기는 경향이 있다. 이는 피지와 각질이 혼합되어 피부 표면에 쌓여 나타나게 되는데, 비듬은 피부를 거칠게 만들고 가렵거나 불편한 감각을 유발할 수 있다.
- 가려움증 : 지루성 피부는 피부의 수분과 유분이 불균형하여 건조하고 가렵거나 따가운 감각을 유발할 수 있다. 이는 특히 비듬이 생기는 부위에서 더욱 심할 수 있다.
- 붉은 반점 : 피지와 각질이 쌓여있는 부위에 염증이 발생하여 붉은 반점이 생길 수 있다. 이는 특히 피부가 건조하고 자극을 받을 때 더욱 심해질 수 있다.

지루성 피부는 피지와 각질이 고이면서 여드름이 발생하기 쉽다. 특히 피지가 모공에 막혀 염증이 발생할 경우 여드름을 동반할 수 있다. 혹시 나의 피부에 트러블이 있다면 지루성 피부인지 여드름 피부인지 또는 지루성인데 여드름을 동반하고 있는지 체크해보자.

❋ 3. 얼굴 주름

얼굴의 피부는 열에 노출되면 피부의 수분이 증발하여 탈수와 건조함이 발생할 수 있다. 그리고 피부 각질층이 형성되기 쉬운데 이는 피부의 탄력을 감소시키고 건조해져 주름을 유발한다. 이러한 상황에서 발생할 수 있는 주름 관련 증상은 다음과 같다.

- 피부 건조함 : 열에 노출되면 피부의 수분이 증발하여 피부가 건조해지는 경향이 있다. 피부가 건조하면 주름이 뚜렷해지고 더욱 돋보일 수 있다.
- 주름 깊어짐 : 수분이 부족한 상태에서 피부는 탄력을 잃고 주름이 깊어질 수 있다. 특히 눈가의 다크써클과 주름, 눈밑 주름, 입가의 팔자 주름, 볼살 주름(마리오네트), 이마의 가로 주름, 미간의 세로 주름 등의 부위에서 주름이 뚜렷해질 수 있다.
- 주름 주변의 피부 탄력 감소 : 주름이 생긴 부위의 주변 피부는 탄력을 잃고 이완되어 보일 수 있다. 이는 피부의 탄력이 감소하여 생기는 결과로, 열에 노출되면서 발생한 피부 탈수와 함께 주름이 깊어지는 것을 나타낸다.
- 피부 민감도 증가 : 탈수된 피부는 더욱 민감해질 수 있

다. 이는 자극에 쉽게 반응하여 붉어지거나 가려움증을 유발하여 잔주름 생길 수 있다.

✱ 4. 안면홍조와 주사코로 인한 모공확장과 모세혈관확장증

- 안면홍조 : 안면홍조로 인한 모세혈관확장증은 피부의 혈관이 지속적으로 확장되어 있을 때 발생하는 현상이다. 이는 일반적으로 얼굴의 피부에 붉은색이 나타나는 현상으로, 특히 혈관이 눈부터 코, 볼, 이마 등의 부위로 확장되어 나타난다. 혈관이 확장되면 피부에 붉은색이 나타나며, 이러한 홍조가 지속되면 혈관 벽이 약해지고 늘어나게 된다. 따라서 혈관이 계속 확장되고 혈액이 피부에 더 많이 유입될 때 모세혈관확장증이 발생하는 것이다. 열에 노출되면 혈관이 확장되어 피부의 민감도가 증가한다.
- 주사코 : 주사코는 비염과 밀접하게 관련되어 있다. 비염이 있는 경우 코 주변의 점막이 염증을 일으켜 코 주변 혈관이 확장되어 혈류가 증가하면서 비정상적으로 확장되어 코 주위에 붉은 색상이 나타나는 현상이다. 이러한 현상이 지속되면 코 주위의 혈관이 더 크게 확장될 수 있으며, 이에 따라 주사코가 발생할 수 있다. 또한 비염으로 인해 코 주위의 혈관이 확장되는 것 외에도, 알레르기 반응이나 호흡기 질환으로 인해 발생하는 기침이나 재채기와 같은 증상도 주사코를 유발한다. 이러한 증상들은 혈관을 확장하고 혈류를 증가시켜 주사코의 발생을 촉진할 수 있다.

이러한 모세혈관확장증은 선천적으로 피부가 약하고 흰 사람에게 나타나는 경우가 많으며 선천적인 요인이나 스테로이드 남용, 장기간의 자외선 노출 등에 의해서도 발생할 수 있다. 그리고 피부가 지성인 경우 모세혈관 확장과 모공 확장이 동시에 일어날 수 있다.

✱ 5. 안색의 변화

지속적인 열에 노출되면 피부의 안색이 붉어진다. 그리고 붉어지는 형태가 지속되면 피부의 톤이 어두워지며 무기력해 보이고 피로한 모습을 보일 수 있다.

안색의 변화는 피부의 건강 상태와도 밀접한 관련이 있다. 피부가 지나치게 열에 노출되면 피부의 수분이 증발하여 건조함이 증가할 수 있으며, 이에 따라 피부의 탄력이 감소하고 피부 잡티가 생길 수 있으며, 색소침착이 발생할 수 있다. 색소침착은 피부에 멜라닌이 과도하게 생성되어 피부에 어두운 반점이나 잡티가 생기는 현상을 말한다. 열에 노출되면 피부의 수분이 증발하고 피부가 건조해지는데, 이러한 상황은 피부의 메커니즘에 영향을 미쳐 멜라닌 생성을 촉진할 수 있다.

특히 열에 노출되는 환경에서는 멜라닌 생성이 촉진되어 색소침착이 더욱 심해질 수 있다. 열에 노출된 피부는 탄력이 감소하고 피부 잡티가 생길 수 있는데, 이는 열로 인해 피부 손상이 증가하고 피부의 멜라닌 생성이 증가하기 때문이다. 피부가 이러한 손상을 입게 되면, 피부의 면역 시스템이 활성화되어 손상된 부위를 수리하고 보호하기 위해 작동하게 된다.

멜라닌 생성은 이러한 손상 및 염증 과정에서 주로 일어난다.

손상된 피부 조직 주변의 멜라닌 세포들이 활성화되어 멜라닌을 생성하고 피부 주위의 혈관들이 확장되면서 멜라닌이 피부 조직으로 이동하며 이 과정은 염증 및 손상된 조직에서 발생한 염증 인자 및 세포 통신 물질의 영향을 받는다.

멜라닌은 주로 피부의 표피층에 위치한 피부 세포인 멜라노사이트에서 생성된다. 피부 손상 및 염증으로 인해 멜라노사이트가 자극되면, 멜라닌 생성이 증가하고 피부에 어두운 색소가 생성된다. 이는 일종의 자연적인 방어 메커니즘이며, 피부를 손상으로부터 보호하고 손상된 부위를 복구하는 데 도움이 된다.

결국, 피부 손상이 증가하면 멜라닌 생성도 증가하여 피부에 어두운 색소가 생성되는 것이 피부가 외부 환경으로부터 자신을 방어하려는 자연적인 반응이다. 그러나 지나치게 많은 멜라닌 생성은 피부에 어두운 반점이나 잡티를 유발할 수 있으므로, 적절한 피부 관리와 보호가 필요하다. 따라서 적절한 보습과 피부 보호뿐만 아니라, 열에 노출되는 환경에서의 피부 관리가 매우 중요하다. 특히 자외선 차단제를 꾸준히 사용하여 피부를 보호하고, 적절한 보습 크림을 사용하여 피부의 수분을 유지하는 것이 필요하다. 또한 열에 노출되는 환경에서는 가능한 한 피부를 보호하는 의류나 모자를 착용하고, 자외선 차단제를 자주 발라주는 것이 좋다. 이처럼 적절한 보습과 피부 보호가 필요하며, 특히 열에 노출되는 환경에서는 피부를 적절히 관리하여 안색의 변화를 최소화하는 것이 중요하다.

02

아름다운 피부는 배출부터 시작된다

····

반신욕

 아름다운 피부는 건강한 습관에서 비롯된다고 말할 때, 그 중심에는 우리의 일상적인 씻는 습관이 자리하고 있다. 피부는 우리 몸의 가장 외부에 노출된 부분으로, 씻는 행위는 단순한 청결과 위생에 그치지 않고 피부 건강에 큰 영향을 미친다.

 청결한 몸은 피부 건강의 출발점이며, 피부가 자연스럽게 빛나게 만든다. 피부를 깨끗이 씻는 것은 피부 자극을 촉진하고 혈액순환을 활성화시킨다.

▌얼굴 부기를 빼주고 피부를 정화시켜 주는 반신욕의 주요 원리

 우리의 얼굴이 붓는 것은 주로 체액이 피부 주변으로 모이거나 혈액 순환이 강화되면서 발생한다. 이런 문제를 완화하고 피부를 정화하여 맑고 생기 넘치는 피부를 얻을 수 있는 방법 중 하나가 반신욕이다. 이는 피부에 산소와 영양분을 공급하며 피부 톤을 개선하는 데 도움을 준다. 그중 반신욕은 몸의 일부분, 주로 다리나 발을 따뜻한 물에 담그는 것으로, 다양한 원리에 기반해 효과를 발휘한다.

✱ 모공 확장과 노폐물 제거

반신욕 중에는 피부의 모공이 확장되어 피지와 노폐물이 효과적으로 제거된다. 이로써 피부 표면의 오염물질이 제거되면서 피부가 맑고 깨끗해질 수 있다.

✱ 혈액 순환 촉진

따뜻한 물에 다리나 발을 담그면 혈관이 확장되고 혈액순환을 촉진한다. 이는 혈액과 영양소, 산소가 체내로 잘 공급되어 세포들의 활동을 촉진하고, 동시에 노폐물을 체외로 배출하는 데 도움을 준다. 특히 얼굴 부분에 혈액이 유입되면 얼굴의 부기가 제거되고 피부 혈색을 찾는 데 큰 도움이 된다.

✱ 근육 이완 및 피로 완화

따뜻한 물에 다리나 발을 담그면 근육이 이완되고 긴장이 완화된다. 이는 피로를 완화하고 근육의 회복을 돕는 효과가 있다. 또한 마사지를 추가로 시행하면 근육 이완과 혈액순환 향상에 더욱 도움이 된다.

✱ 스트레스 완화

따뜻한 물에 다리나 발을 담그면 몸과 마음이 편안해지고 스트레스가 완화될 수 있다. 온수에 몸을 담그면 신체의 긴장이 풀리고, 긍정적인 신경 전달 물질인 엔도르핀이 분비되어 기분이 좋아진다.

❋ 체온 조절
따뜻한 물에 다리나 발을 담그면 몸의 체온을 일시적으로 올리게 된다. 이는 혈액순환을 촉진하고 면역 체계를 활성화시키는 데 도움을 준다. 또한, 체온 상승으로 인한 피부의 혈관 확장은 피부 건강과 탄력을 개선하는 데 도움을 줄 수 있다.

이러한 원리들을 통해 반신욕은 부기 제거, 피로 완화, 혈액순환 촉진, 근육 이완, 스트레스 완화, 체온 조절 등의 다양한 효과를 얻을 수 있다. 하지만 개인의 건강 상태나 특정 질환에 따라 효과는 다를 수 있으므로, 특정 질환이 있는 경우 반신욕을 시행하기 전에 의사와 상담하는 것이 좋다.

반신욕을 하는 간단한 방법과 순서
❋ 용기준비
반신욕을 위해 작은 욕조, 대야, 또는 피부를 담그는 용기를 준비한다. 욕조나 대야를 사용하는 경우에는 미리 따뜻한 물을 채워둔다.

❋ 물온도 조절

반신욕을 위한 물의 온도를 조절한다. 보통 37~40도 정도의 온수를 사용하는 것이 좋다. 너무 뜨거운 물은 피부를 자극할 수 있으므로 주의해야 한다.

✱ 다리나 발 담그기

준비한 용기에 다리나 발을 담근다. 다리는 무릎까지 담그는 것이 좋다. 물에 담근 후에는 다리나 발을 가볍게 마사지하며 혈액순환을 촉진할 수 있다.

얼굴에 홍조가 많거나 열이 많은 사람 또는 하지정맥류가 있어서 반신욕을 오래 하지 못하는 체질을 가진 사람, 몸에 열이 많아서 욕조에 몸 담그는 것을 극도로 싫어하는 사람들은 먼저 발만 5분 정도 담그고 있다가 무릎까지 5분 담그고, 배꼽 밑까지 10분 정도 하면 총 20분 정도 할 수 있다. 이 루틴대로 하면 심장에 무리가 없으며 반신욕의 효과를 훨씬 더 많이 느낄 수 있다. 심장에서 먼 곳부터 단계적으로 순환을 시켜주게 되면 훨씬 더 혈액순환이 잘된다. 1,000명 이상의 사람들이 효과를 본 방법이다.

✱ 휴식

반신욕을 즐기며 편안한 상태에서 앉아 휴식을 취한다. 몇 분 동안 다리나 발을 물에 담그고 있다가 충분한 휴식을 취하면 효과가 더욱 좋아진다.

✱ 마무리

반신욕이 끝나면 다리나 발을 깨끗하게 닦아주고, 피부에 충분한 보습을 제공해 준다. 보습 크림이나 로션을 사용하여 건조함을 방지하고 피부 상태를 개선할 수 있다.

집에 욕조가 없는 경우 휴대용 욕조를 구매하는 것을 추천한다. 3~4만 원대에도 구매가 가능하다. 반신욕은 다리나 발에 특히 효과적이며, 피로를 완화하고 혈액순환을 촉진하는 데 도움을 준다. 그리고 교감신경을 이완시켜 숙면을 취하는 데 큰 도움이 된다. 주의할 점은 물의 온도를 적절히 조절하고, 너무 오랫동안 담그지 않도록 하는 것이다. 위의 방법을 참고하여 편안하고 효과적인 반신욕을 즐기자! 다음 날 아침 나의 얼굴과 컨디션이 몰라보게 달라질 것이다.

03

먹는 순서가 바뀌면 살이 빠진다

외모를 아름답게 가꾸는 데 있어서 살을 빼는 것은 필수적이다. 특히 여자의 경우 365일 다이어트한다고도 말하는데, 살을 빼야 한다는 강박관념을 가지게 되면 스트레스를 받고 그 스트레스로 인한 마음의 허기짐 때문에 또 다시 음식을 먹게 된다.

먹는 것은 너무나도 중요하다. 내가 외모를 가꾸는 것 또한 내 몸값을 올리고 행복해지고 싶어서가 아닐까? 그럼, 먼저 알아야 할 중요한 사실은 평소에 먹는 것이 나의 인생을 대변한다는 점이다. 꼭 잘살고, 부자이기 때문에 좋은 것을 먹는 것은 아니다. 좋은 음식을 선별하여 먹는 것부터가 벌써 나 스스로가 좋은 환경에 살고 있는 상태인 것이다.

우리 몸과 피부는 나의 인생을 대변한다

매일 인스턴트나 기름진 음식들, 갖가지 화학적인 조미료가 들어간 음식을 먹는다면 나의 세포는 너무나도 스트레스를 받을 것이다. 우리 몸의 최소 구성 단위인 세포가 아름다워야 나의 전체적인 신체가 아름다워진다. 그럼 내가 평소에 먹고 싶은 음식을 먹으며 건강하게 살이 찌지 않는 방법은 없을까? 당연히 있다. 그것은 혈당을 조절하는 방법에 있다.

✱ 혈당이란?

혈액 속에 포함되어 있는 당을 말한다. 주로 포도당이며, 뇌와 적혈구의 에너지원이 되고, 혈당의 높고 낮음은 활동 에너지와 먹는 것에 달라진다.

음식을 섭취하게 되면 소화가 되는 과정에서 어느 정도 혈당이 올라간다. 우리 몸의 에너지 자원인 포도당이 만들어지는 것이다. 이러한 포도당은 혈액 속에 있으며 이를 혈당이라고 부른다.

인슐린이라는 호르몬이 췌장에서 만들어지는데 음식 섭취를 통해 만들어진 포도당을 에너지 자원으로 바꿔주는 역할을 한다. 그리고 당이 넘치게 되면 이를 지방으로 바꿔서 우리 몸에 저장하게 된다. 저장이 되는 그 순간부터 살이 찌는 것이 시작된다.

다이어트에 가장 좋은 방법은 식이조절과 운동이다. 식이조절의 경우 건강한 음식만 먹으면 좋겠지만, 세상에는 너무나도 맛있는 음식이 많기 때문에 먹는 순서만 바꿔줘도 혈당이 높아지는 것을 막을 수 있다.

음식 섭취의 내용도 중요하지만, 먹는 순서가 정말로 중요하다.

채소 ⋯ 과일 ⋯ 지방 ⋯ 단백질 ⋯ 탄수화물 ⋯ 견과류의 순서로 먹게 되면 살이 찌는 것을 최소한으로 막을 수 있다. 채소는 식이섬유가 풍부하며 소화를 도와주고 포도당의 흡수를 방해한다. 그렇기 때문에 혈당조절에 도움이 된다.

과일은 비타민과 무기질이 풍부하게 함유되어 있지만, 채소류에 비해 당질 함량과 열량이 높기 때문에 하루에 정해진 분량만큼 먹는 것이 매우 중요하다. 많은 양의 과당 섭취는 중성지방과 혈당을 상승시키게 되기 때문에 주의해서 섭취해야 한다.

지방은 세포막을 합성하고 유지하는 데 필수적이며, 체온유지와 피부, 머리털 등을 건강하게 유지하는 데에도 필요하다. 몸속에 지방이 부족하면 뇌에 문제가 생기는데, 뇌의 구성 성분이 지방으로 되어 있고 지용성비타민의 흡수를 돕는다. 지방을 먹지 않으면 비타민이 부족하여 야맹증, 근육통, 치은염 등이 생길 수 있다.

단백질은 신체조직의 성장 유지 및 복구에 필수적이다. 근육, 뼈, 피부, 머리카락, 손톱 및 기타 신체조직의 합성과 복구에 필요한 빌딩블록을 제공한다. 아울러 견과류는 혈당 지수를 낮추고 수치를 조절하는 데 도움이 될 수 있다.

음식 섭취 후 움직이지 않으면 혈당은 내려가지 않는다. 음식 섭취 1시간 이후 잠깐의 휴식을 취한 후 가벼운 스트레칭이나 움직임을 가져주면 좋다. 또 자기 전 최소 5시간 전에 음식을 먹는 것이 곧 몸의 피로와 스트레스를 경감시켜 다이어트에 도움이 된다. 나의 취침 시간이 오전 12시라고 가정해 보자. 최소 5시간이면 식사 시간이 7시를 넘지 않아야 한다. 음식을 먹고 소화가 되는 시간은 3~5시간이다. 적어도 6시 또는 7시에 음식을 먹어야 하며 고열량 음식이나 과도한 알코올 또는 카페인 섭취가 잠에 영향을 줄 수 있으니 적절하게 조절해야 한다.

반면에 취침 전 적당한 한두 잔의 음주는 혈액순환을 도와주기 때문에 숙면에 도움이 된다.

그리고 소화가 되지 않은 상태에서 잠자리에 들게 되면 우리의 소화 장기 위는 음식물을 소화하려고 수면 중에도 활발하게 운동을 하게 된다. 그 자극이 뇌에 전달되게 되면 몸과 뇌는 휴식을 취하지 못하게 되는 것이다.

너무 배가 고파도 잠이 오지 않게 되는데 그때는 따뜻한 물이나 꿀물을 마시는 것도 좋다. 따뜻한 우유를 마셔도 된다는 이야기도 있는데 요즘 현대인들은 유당 불내증(유당을 분해시키는 효소가 부족하여 생기는 병)을 가지고 있는 사람들이 많다 보니 우유보다는 요거트나 요구르트를 추천한다. 블루베리와 요거트를 함께 갈아 마시면 좋다.

블루베리에는 안토시아닌이라는 강력한 항산화제가 풍부하게 함유되어 있다. 항산화 작용은 자유 래디컬이라고 알려진 유해 분자들을 제거하여 산화 스트레스를 줄이고 세포 손상을 방지하는 역할을 한다. 그리고 몇몇 연구에 따르면, 블루베리는 인지 기능 개선과 관련된 혈류 증가, 학습 및 기억력 향상에 도움을 주어 뇌 기능 개선에도 좋은 영향을 미친다.

또한 상추에 들어있는 락투카리움을 섭취하게 되면 진정 효과와 신경안정의 효과를 통해 불면증이나 두통에도 도움이 된다. 그리고 체내에 쌓여있는 염분을 배출하는 데 도움을 주어 부기를 빼는 데도 도움을 준다.

이처럼 음식을 통한 영양소는 골고루 섭취해 주면서 먹는 순서만 바꿔도 얼굴 부기와 살이 빠지는 신비한 경험을 하게 된다. 이 사실을 잘 기억해 둔다면 건강하고 젊은 피부와 아름다운 몸매를 가질 수 있을 것이다.

유당불내증(Lactose Intolerance) : 우유를 마시고 나면 배가 불편하거나 설사를 하는 증상을 보이는 상태입니다. 이는 소장에, 우유에 들어 있는 유당을 분해하는 효소인 락타아제가 부족해져서 유당이 소화되지 않기 때문입니다. 소화되지 않은 유당은 대장에서 박테리아에 의해 발효되어 설사나 복통과 같은 증상을 일으킬 수 있습니다.
유당불내증의 주요 증상은 다음과 같습니다.
- 우유를 먹고 난 뒤에 설사하거나 묽은 변을 보는 경우.
- 배가 더부룩하고 빵빵한 느낌이 들며, 가스가 차면서 냄새가 나쁜 방귀를 뀌기도 합니다.

04
클렌징에는 이중 세안이 필수다

 사람들은 클렌징의 중요성에 대하여 인식하지 못하고 있다. 요즘은 너무 많은 피부 정보에 의하여 피해를 보는 사례가 많다. 예를 들자면 유튜브를 보고 전문적인 지식보다 거기에 나오는 자기 경험만을 올려놓은 영상을 따라 했을 때 부작용이 발생하기도 한다. 자기 피부의 상태를 정확하게 인지하지 못한 채 사람들이 그것을 보고 따라 하며, 누가 좋더라는 말에 맹목적인 신뢰를 하고 그 방법을 시도한다. 과연 따라 했을 때 효과를 보는 사람도 있겠지만, 전혀 다른 피부 유형의 사람들은 부작용을 겪을 수밖에 없는 것이다.
 모든 사람은 자연치유 능력을 갖추고 태어난다. 하지만 사람의 자연 치유 능력은 모두 제각각이므로 나 자신의 피부 상태를 먼저 인식하는 것이 필수이다. 피부가 좋아지려면 제일 중요한 것이 클렌징이다. 왜냐하면 우리가 얼굴 피부에 손을 대어 마찰을 일으키는 행위를 제일 많이 할 때가 클렌징 할 때이기 때문이다. 그렇다고 클렌징을 할 때 자극이 많이 생긴다고 대충 해서는 절대 안 된다.

양치질할 때도 보면 치아에 이물질을 제거하는 데 충분한 시간을 주지 않는다면 치아에 생기는 플러그가 치석이 되거나 치아를 썩게 만들 수 있다. 우리 피부의 경우에도 올바른 클렌징을 하지 않게 되었을 때 트러블이나 색소 침착에 노출될 수 있다. 충분한 시간을 두고 청결하게 해주는 것이야말로 매력적인 피부를 만드는 데 제일 중요한 부분을 차지한다.

클렌징과 이중 세안은 피부 관리에서 매우 중요한 단계이다.

클렌징은 피부를 깨끗하게 하고 미세한 오염물질, 노폐물, 화장품 잔여물 등을 제거하여 피부를 맑고 건강하게 유지하는 역할을 한다. 이중 세안은 클렌징의 효과를 한층 더 극대화하기 위해 두 번의 세안 과정을 거치는 것을 말한다.

클렌징과 이중 세안은 피부 관리에서 매우 중요한 단계이다. 클렌징은 피부를 깨끗하게 하고 미세한 오염물질, 노폐물, 화장품 잔여물 등을 제거하여 피부를 맑고 건강하게 유지하는 역할을 한다. 이중 세안은 클렌징의 효과를 한층 더 극대화하기 위해 두 번의 세안 과정을 거치는 것을 말한다.

클렌징의 종류는 크게 1차 클렌징과 2차 클렌징으로 나눌 수 있다.

- 1차 클렌징은 유성 노폐물을 제거하기 위한 세안제로,

클렌징 오일, 클렌징 밤, 클렌징 워터, 클렌징 밀크, 포인트 리무버 등이 있다.
- 2차 클렌징은 수성 노폐물을 제거하기 위한 세안제로, 클렌징폼, 클렌징 젤, 클렌징 비누 등이 있다.

이처럼 클렌저는 각각 다른 특징을 가지고 있다. 이제 각각에 특성과 사용법을 알아보자.

✽ 오일 클렌저(1차 세정제)

- 특징 : 오일 클렌저는 오일이 주성분인 클렌징 제품으로, 피지나 블랙헤드, 화이트헤드 제거에 효과적이다. 오일은 피부에 노폐물과 메이크업을 효과적으로 녹여 제거해 준다. 또한, 피부에 보습을 유지하며 건조함을 완화하는 효과도 있다. 오일 밤의 형태나 거품형 오일 제형으로도 나오고 있다.
- 사용법 : 오일 클렌저를 적당량을 손에 덜어 얼굴에 부드럽게 마사지하듯이 문지르며 화장품과 오염물질을 녹여준다. 그 후, 물로 충분히 헹궈주거나, 물에 적신 일회용 해면을 사용하여 부드럽게 닦아주거나 거품 형태인 오일의 경우 물을 조금씩 더해 점점 거품을 내며 마사지하고, 마지막으로 충분히 물로 헹구어준다.

원래 기름은 기름으로 잘 지워진다. 노폐물과 메이크업을 깨끗하게 제거해 주는 것이 장점이기도 하지만 단점은 오히려 오일로 인한 유막 형성되어 장기간 사용 시 속 건조를 유발하기도 한다는 것이다. 그래서 오일 형태만으로 되어 있는 클렌저를 사용하고 있다면 아이리무버 대용으로 사용하거나 또는 매일 사용보다는 화장을 진하게 했을 경우에만 사용하며 그때그때의 피부 컨디션에 맞게 클렌저의 종류를 사용해 주는 것을 권장한다.

✽ 겔 클렌저(2차세정제)
- 특징 : 폼 클렌저는 거품이나 거품이 나오는 형태의 클렌징 제품이다. 물과 함께 사용되며, 부드러운 거품이 피부에 물과 함께 메이크업과 노폐물을 제거해 준다.
- 사용법 : 폼 클렌저를 손에 적당량을 덜어 물과 함께 거품을 내어 얼굴에 부드럽게 마사지하듯이 문지르며 클렌징 한 다음 충분히 물로 헹구어 준다.

계면활성제가 많이 들어있는 제품의 경우 튜브에 들어있는 제품보다는 순한 겔 타입의 폼 클렌저를 추천한다. 메이컵을 두껍게 하는 경우에는 이중 세안을 추천하며 유수분을 함께 조절해 주는 밀크 타입의 클렌저를 이중 세안으로 추천한다.

| **순서는 밀크 클렌저 ⋯ 폼 클렌저**(겔 타입)
| **✽ 밀크 클렌저(1차 세정제)**
- 특징 : 밀크 클렌저는 유분과 수분이 적절히 배합되어 있는 부드러운 밀크 형태의 클렌징 제품이다. 메이크업과 노폐물을 제거해 주며 피부를 촉촉하게 유지하면서도 깨

끗하게 만들어주는 효과가 있다. 크림의 형태로도 나와 있으며 크림보다는 밀크 타입이 부드럽고 순하기 때문에 밀크 클렌저의 형태를 추천한다.
- 사용법 : 밀크 클렌저를 손에 오백원 동전의 크기의 적당량을 덜어 얼굴에 열이 많거나 건조한 부분의 순서로 도포하여 부드럽게 흡수시키며 얼굴에 원을 그리듯 러빙한다. 그 후, 물을 약간 묻혀서 2차 러빙을 가볍게 해준 다음 미지근한 물로 헹궈준다.

✽ 클렌징 워터(1차 세정제)

- 특징 : 가벼운 메이크업을 지울 때 적합하다. 메이크업이나 노폐물을 산뜻하게 지워주는 제품이다.
- 사용 방법 : 화장솜에 클렌징 워터를 충분히 적셔준 다음 눈, 입술 등의 진한 메이크업 부위에 화장솜을 20~30초 정도 올려놓고 눌러서 옆으로 밀어내듯이 닦아준다. 워터프루프의 아이 메이크업을 한 경우 포인트 리무버 또는 오일을 사용해 준다. 클렌징워터를 먹인 화장솜을 얼굴 전체에 흡수하듯 부드럽게 닦아준다. 물로 헹궈주거나 화장을 하거나 얼굴이 무거울 때는 폼클렌징으로 2차 세안을 해준다. 클렌징 워터의 장점은 가볍고 산뜻한 사용감이 있으며 각질이나 유분기를 제거할 수 있다. 클렌징 전 수분 팩으로도 활용할 수 있다. 반면에 단점은 화장솜을 여러 장 사용해야 한다는 것이다. 요즘은 솜보다 부드러운 일회용 해면이 나와서 일회용 해면이 피부 자극을 최소화한

다. 진한 메이크업이나 워터프루프 제품은 잘 지워지지 않는다. 사용 시 많은 양을 사용해야 클렌징이 되며 잔여감이 남을 수 있다.
- 포인트 리무버 : 눈, 입술 등의 진한 메이크업 부위를 지우기 위한 세안제로, 물 층과 오일 층으로 분리되어 있다. 화장솜에 적당량을 묻혀서 화장한 부위를 누르고, 닦아내고, 이중 세안을 한다. 눈 점막에 자극이 적고, 저자극성이며 짙은 메이크업을 자주 하는 피부에 적합하다.

클렌징 제품의 선택은 개인의 피부 유형과 선호도에 따라 달라질 수 있으며 오일 클렌저는 메이크업을 두껍게 했을 때 사용하기 좋다. 폼 클렌저는 모든 피부에 적합하며, 밀크 클렌저는 건성 피부와 예민 피부에 적합하다. 예전에 물로만 세수해서 피부가 좋아졌다고 하는 이슈가 있었지만, 장기간 했을 때 모공에 노폐물이 쌓이기도 하며 피부 각질이 두꺼워질 수도 있기 때문에 매우 예민한 피부는 저녁에는 클렌징을 사용하되 아침에는 물로 하는 것도 좋다. 물만으로는 매끄러운 피부가 되기에는 조금 부족한 방법일 수 있기 때문에 우리는 피부 상태와 선호도를 고려하여 거기에 맞게 적합한 클렌저를 선택하고 사용하는 것이 좋다.

여러 가지 방법을 다하기에는, 모든 제품을 구비하기에는 무리가 있다. 추천 루틴으로 클렌징 밀크 로션과 클렌징 겔을 두 가지만 구비해서 나의 피부 컨디션에 맞게 조절하며 사용하는 것을 권장한다.

- 건성피부, 예민 피부, 트러블의 경우 : 클렌징 밀크로만 사용하여도 피부에 유수분을 지킬 수 있으며 일주일에 한 번에서 두 번 정도만 이중 세안으로 클렌징 밀크 ⋯▸ 클렌징 겔의 순서로 해준다.
- 두꺼운 피부와 보통 피부의 경우 : 이중 세안으로 클렌징 밀크 ⋯▸ 클렌징 겔의 순서로 피부 자극 없이 청결함을 유지하면 보습을 잘해주는 경우 굳이 각질 제거를 실행할 필요가 없어진다.

05
매력적인 퍼스널 브랜딩 피부를 위한 장비(도구) 세팅

　퍼스널 브랜딩은 우리의 개성을 부각하고 독특한 이미지를 조성하는 핵심 요소 중 하나이다. 이는 우리가 자신의 스타일, 가치관, 성향 등을 표현하고 다른 사람들과 구별되는 독특한 아이덴티티를 만들어내는 것을 의미한다. 이런 의미에서 매력적인 피부는 우리의 외적인 모습을 반영하는 중요한 핵심 요소이며, 이때 퍼스널 브랜딩 피부의 개념이 매우 중요하다. 왜냐하면 피부는 우리의 외모와 매우 밀접하게 연관되어 있기 때문이다. 피부의 상태는 우리의 건강과 삶의 질을 반영하며, 맑고 건강한 피부는 자신감을 부여하고 긍정적인 인상을 주는 데 도움이 된다. 따라서 퍼스널 브랜딩의 하나로, 자기 계발의 일부로서 피부 관리는 필수이다.

　피부는 우리의 외모와 자신감을 결정짓는 중요한 부분이며, 그 관리에는 적절한 도구와 제품이 필요하다. 하지만 보통 자신의 피부에 맞추어 피부관리를 하기보다는 누가 좋다더라, 또는 효과가 있더라는 말을 듣고 제품을 구매하여 피부관리를 시작한다. 이 방법이 반드시 틀린 것은 아니지만 나만의 차별화되면서 디테일한 매력적인 피부를 가지기 위한 방법은 아니다.

특히 피부관리를 화장품이나 프로그램에 맞추는 것이 너무 아쉽다. 1 대 1 피부 상담을 통해서 좀 더 자신에게 맞는 화장품을 찾고 좀 더 합리적인 소비와 가성비를 충분히 누릴 수 있는데, 그 방법을 모르는 사람이 너무나 많다.

많은 사람들이 제대로 알려주는 피부 상담을 통해 얻은 정보를 토대로 효과적인 피부 관리 방법을 원한다. 그래서 나는 5,000명 이상의 사람들에게 피부 상담을 한 경험을 통해 알게 된, 누구라도 효과를 볼 수 있는 최적화 되어 있는 방법을 소개하려고 한다. 그 전에 제일 중요한 것은 장비(도구) 세팅이고, 이 방법에 따라 피부관리를 시작하게 되면 절대적으로 효과가 있을 수밖에 없다.

피부관리에 앞서 꼭 알아야 할 장비(도구) 4가지

※ 1. 니트릴 장갑

니트릴 장갑은 피부 관리를 할 때 손을 보호하고 청결을 유지하는 데 도움이 된다.

- 사용 방법 : 피부 관리를 시작하기 전에 항상 니트릴 장갑을 착용하여 손을 보호한다. 피부에 직접 접촉할 때마다 장갑을 사용하여 위생적인 깨끗한 상태를 유지할 수 있다.
- 장점 : 우리가 운동을 할 때 보호 장비를 착용하여 부상

을 방지하는 것처럼 골프를 칠 때 안전을 위해 장갑을 착용한다. 마찬가지로, 피부 관리를 위해서도 니트릴 장갑을 착용하게 되면 피부에 많은 이익을 가져올 수 있다. 손을 보호하고 청결을 유지함으로써 피부 관리의 효율성을 높일 수 있다. 니트릴 장갑을 써야 하는 이유는 우리 손에는 많은 세균과 먼지들이 손톱이나 손바닥에 남아있기 때문에 그것을 차단하고, 손바닥에 있는 투명층에 제품이 흡수되는 것을 막아주기 때문이다. 제품을 도포했을 때 제품이 오로지 얼굴에 충분히 흡수될 수 있는 환경을 만들어준다. 더불어 피부에 요철 각질들이 좀 더 많이 느껴지기 때문에 흡수할 때나 세안을 할 때 더욱 세심하게 피부를 다룰 수 있는 장점이 있다. 다만, 본인의 손 크기에 딱 맞는 니트릴 장갑을 착용하는 것이 중요하다. 이렇게 니트릴 장갑을 사용함으로써 피부 관리의 효율성을 높이고, 피부에 제품이 흡수되는 과정과 클렌징을 보다 청결하고 효과적으로 할 수 있다. 두피도 피부이다. 항상 샴푸를 할 때 머리숱이 많아 머리에 거품이 잘 안 나거나 샴푸를 하고도 머리가 항상 찝찝함을 느끼는 사람들도 니트릴 장갑을 착용한 상태에서 샴푸를 했을 때 좀 더 깨끗하게 세정됨을 느낄 것이다. 손세정은 장갑을 끼고 사용한 후 벗은 다음 손만 더욱 더 깨끗이 씻으면 된다.

※ **2. 실리콘 브러쉬 & 스파츌라**

- 실리콘 브러쉬 : 피부 마사지 및 청소에 효과적이다. 부드럽고 유연한 재질로 피부를 자극하지 않으면서도 노폐물을 제거한다.
- 실리콘 브러쉬의 장점 : 손보다 훨씬 섬세하고 부드럽게 세안할 수 있다. 인그로운 피부나 모공이 넓은 피부에도 최소한의 자극으로 깨끗하게 클렌징 할 수 있다.
- 실리콘 브러쉬 사용 방법 : 실리콘 스파츌라를 사용하여 클렌징 제품을 얼굴에 균일하게 바르고 실리콘 브러쉬를 사용하여 손에 힘을 주지 않고 아주 부드럽게 원형으로 마사지 해준다. 미세한 원형 모양의 브러쉬는 피부 결점을 집중적으로 다룰 수 있다. 모공이 넓거나 트러블 피부에도 효과적이며 잔주름이 많은 피부 타입에도 각질이 잘 탈락할 수 있는 환경을 만들어주게 된다.
- 실리콘 스파츌라 : 제품 사용 시 손으로 바르게 되면 손의 온도 때문에 제품에 변형이 오는 것을 막아준다.
- 실리콘 스파츌라 장점 : 균일한 양을 발라주며, 얼굴 표면에 골고루 도포할 수 있고, 모든 제품을 바를 때 내가 얼만큼 제품을 사용하는지 파악하여 정량을 균일하게 사용하는 것을 체크할 수 있다.
- 실리콘 스파츌라 사용 방법 : 제품을 브러쉬에 떠서 얼굴에 균일하게 도포해준다. 바르는 순서는 나의 얼굴 피부에서 건조한 부위부터 먼저 발라준다. 예를 들어, 코 옆 볼 쪽을 나비 존이라고 하는데, 거기에 열이 많거나 건조해 각질이 잘 쌓인다면 그 부위부터 발라주어 제품이 흡

수할 시간을 좀 더 마련해준다. 이 방법은 기초 화장품의 제품을 흡수시킬 때도 동일하다.
- 주의 사항 : 욕실이나 습한 곳에 오래 놓아두지 않는다. 그럴 경우 곰팡이가 생길 수 있다. 사용 후 물기를 수건 또는 키친타월로 제거해 준다.

✽ 3. 버블 토너 용기

버블 토너 용기는 토너를 보관하고 효과적으로 사용할 수 있도록 도와준다.

- 장점 : 토너가 거품에 형태로 되면 피부에 더욱 더 오래 머물게 되면서 촉촉함을 유지하고 피부 톤이 훨씬 맑아진다. 모든 토너가 거품이 나지는 않는다. 영양이 많이 함유되어 있거나 고농축인 기능성 토너의 경우 거품이 나며, 토너 이외에도 클렌징워터의 경우 대부분 거품이 잘 발생한다.
- 사용 방법 : 클렌징의 경우에는 적절한 양을 얼굴에 도포하여 니트릴 장갑을 낀 상태에서 흡수시키듯 러빙을 해준다. 건조한 부위의 경우 양을 좀 더 발라주고 거품이 사라질 때까지 충분히 피부에 머무르게 해주며 러빙한다. 토너의 경우에는 피부 클렌징 후 적절한 양의 토너를 버블 토너 용기에 넣고 눌러 산소 처리하여 거품을 발생시킨다. 산소 처리는 일반적으로 펌프의 원리를 통해 토너 제품 내에 산소를 투입하여 토너를 거품 형태로 만드는 과정을 의미한다. 이를 통해 토너가 액체에서 거품 형

태로 변환되어 피부에 더욱 균일하게 흡수되고 피부 표면에 부드럽게 스며들도록 도와준다. 그 거품을 얼굴에 부드럽게 발라 흡수시킨다. 제품의 양도 좀 더 조절하여 가성비 있게 사용할 수 있다. 이때 주의 사항은 한꺼번에 많은 양의 토너보다는 조금씩 펌프하여 점진적으로 흡수시키면 효과가 좋다는 점이다. 많은 양을 한꺼번에 바를 때 거품이 사라지면서 액체로 변하며 흘러내릴 수도 있다.

✱ 4. 1회용 페이스 타올

일회용 페이스 타올은 일회용 해면이라고도 불리며 피부를 말끔하게 닦아내고 청결을 유지하는 데 사용된다.
- 장점 : 솜과 일회용 페이스 타올이 다른 점은, 솜의 경우 여러 개의 실뭉치로 표현되며 얼굴에 있는 열을 가둬두는 성질이 있다는 것이다. 반면에 일회용 페이스 타올은 그물처럼 다이아몬드 구조로 되어 있어서 열을 가두지 않고 발산시키는 성질을 지닌다.
- 사용 방법 : 피부 관리 후 얼굴을 닦을 때 일회용 페이스 타올을 사용하여 물기를 닦아내고 피부를 말끔하게 정리한다. 이 방법은 눈에는 보이지 않지만, 피부에 각질이 무수히 붙어 있는데, 불필요한 각질들이 빠르게 탈락할 수 있도록 엉킨 머리카락을 빗겨 주듯이 얼굴 표면에 일어난 각질을 빗겨주는 역할을 해준다.
- 주의 사항 : 재사용하지 않는 것이 피부 건강에 좋다. 그리

고 사용 시 물을 조금 묻혀서 물기를 짜준 다음 사용하게 되면 제품의 사용을 최소화할 수 있다.

이러한 도구들을 사용하여 피부관리의 기초를 습관을 들인다면 외국 또는 환경이 바뀌는 일상에서도 규칙적인 루틴을 통하여 피부의 평정심을 유지하며 일상적인 피부 관리를 어느 환경에 가든 실천하면서 변하지 않는 루틴으로 피부 건강을 유지하고 매력적인 퍼스널 브랜딩 피부를 구축할 수 있다.

06
얼굴이 붓는 원인과 해결 방법

1. 혈액순환의 문제

정상적인 혈액순환은 산소와 영양분을 피부로 공급하고 노폐물을 제거하여 피부를 건강하게 유지하는 데 중요하다. 하지만 혈액순환에 이상이 생기면 얼굴 부분에 혈액이 올바르게 순환되지 않을 수 있다. 이로 인해 얼굴이 붓거나 부종이 발생할 수 있다. 예를 들어, 일상적인 생활 습관의 변화나 특정 질병으로 인한 혈액순환의 저하, 피부 조직의 손상 등이 그 원인이 될 수 있다. 이러한 상황에서 혈액순환에 문제가 발생하면 얼굴 부분에 혈액이 올바르게 공급되지 않아 피부가 충분한 영양분과 산소를 공급받지 못하게 된다. 얼굴 부분의 혈액순환 문제는 피부가 생기 없이 보이는 것부터 얼굴이 부어오르거나 피로한 느낌을 주는 등 건강한 상태를 유지하기 어렵게 하고, 부종이나 붓는 현상을 발생시킨다. 특히 오래 앉아 있는 직장인이나 다리를 꼬고 앉는 습관이 있는 경우 혈액순환에 큰 영향을 줄 수 있다.

✱ 혈액순환에 영향을 주는 요인

- 자세 : 오래 앉아 있는 직장인이나 다리를 꼬고 앉는 습관이 있는 경우 혈액순환에 영향을 줄 수 있다.
- 운동 부족 : 꾸준한 운동이 혈액순환에 도움을 준다.
- 비만 : 비만은 혈액순환을 저해할 수 있다.

혈액순환을 원활하게 유지하기 위해서는 꾸준한 운동, 올바른 자세, 건강한 식습관 등을 지키는 것이 중요하다.

2. 수분 부족

피부에 충분한 수분이 공급되지 않아 피부가 건조하고 붓게 되는 상황을 의미한다. 피부는 수분이 충분히 공급되지 않으면 건조해지며, 이는 피부의 수분 장벽이 손상되어 피부 보호 기능을 떨어뜨릴 수 있다. 또한, 수분 부족은 피부의 탄력을 감소시키고 민감해지게 만들어 외부 자극에 과도하게 반응할 수도 있다. 수분 부족은 일상적인 생활 습관의 변화나 특정 환경 요인에 의해 수분 섭취량이 감소할 때 발생할 수 있으며, 또한 피부에 충분한 수분을 공급하지 않는 스킨케어 제품을 사용하는 것과 습도가 낮은 환경에서 장시간 머무르는 경우에도 생길 수 있다.

수분 부족으로 인한 만성 탈수는 피부에 부정적인 영향을 미칠 수 있는 심각한 상태이다. 피부는 수분을 필요로 하며, 수분이 부족한 경우에는 다양한 피부 문제가 발생할 수 있는데 특히 얼굴은 가장 먼저 수분 부족의 영향을 받는 부위 중 하나이다.

만성 탈수는 갈증을 동반하지 않는 경우도 있는데, 주요 증상은 다음과 같다.

✱ 만성 탈수 증상 및 체크리스트

- 피곤함 : 특별한 이유 없이 지속적으로 피로하다.
- 어지러움 : 앉았다 일어 설 때 어지러움이 느껴진다.
- 소화 기능 저하 : 소화가 원활하지 않다.
- 대변의 어려움 : 변비가 자주 발생한다.
- 만성 두통 : 스트레스, 초조, 우울 증상이 동반된다.
- 피부 변화 : 얼굴이나 코가 빨갛고 피부가 건조해질 수 있다.
- 수면 문제 : 쉽게 잠들지 못하는 경우
- 관절 불편 : 무릎이 아프거나 관절이 뻑뻑해질 수 있다.
- 식욕 변화 : 아무리 먹어도 배고프고 뱃살이 늘 수 있다.

✱ 만성 탈수의 원인

- 카페인이 든 음료 : 커피와 차는 이뇨 작용을 촉진하여 수분을 몸 밖으로 배출한다.
- 과일 주스나 탄산음료 : 당이 들어 있어 체내 삼투압을 높여 더 많은 수분을 요구하게 만든다.

✱ 만성 탈수로 인한 얼굴에의 영향

- 건조함 : 수분 부족으로 피부의 수분 장벽이 손상되면 피부가 건조해지고 탄력을 잃을 수 있다. 이에 따라 얼굴이 건조하고 속 당김을 느낄 수 있다.
- 주름 발생 및 깊어짐 : 수분 부족은 피부의 탄력을 감소시키고 주름이 생기기 쉽게 만든다. 특히 얼굴 주변의 미세한 주름이 깊어지고 뚜렷해질 수 있다.
- 피부 트러블 발생 : 만성 탈수는 피부의 자연적인 보호 기능을 약화시키고 피부가 외부 자극에 민감하게 반응할 수 있다. 이에 따라 여드름, 발진, 가려움 등의 피부 트러블이 발생할 수 있게 된다.
- 피부색 변화 : 수분 부족으로 인해 피부의 탄력이 감소하고 피부 표면이 건조하게 되면 피부색이 흐리고 혼탁해질 수 있다.
- 염증 및 발적 : 만성 탈수는 피부의 염증을 유발할 수 있으며, 심한 경우에는 피부가 붉어지고 발적할 수 있다.

따라서 만성 탈수를 예방하고 치료하기 위해서는 적절한 수분 공급이 필요하다. 일상적으로 충분한 물을 섭취하고, 적절한 보습 제품을 사용하여 피부에 수분을 공급하는 것이 중요하며, 또한 건강한 생활 습관을 유지하고 피부를 보호하는 습관을 가짐으로써 만성 탈수로 인한 얼굴에의 영향을 최소화할 수 있다.

3. 영양 결핍

영양은 피부 건강에 중대한 영향을 미칠 수 있는 요소이다. 피부는 건강한 상태를 유지하기 위해 다양한 영양소가 필요하다. 특히 비타민, 미네랄, 단백질 등의 영양소가 부족한 경우 피부의 탄력, 광채, 장벽 기능 등이 손상되며, 이로 인해 여러 가지 피부 문제가 발생할 수 있다.

- 비타민 : 비타민은 피부 건강을 유지하는 데 중요한 역할을 한다. 예를 들어, 비타민C는 콜라겐 생성에 필요하며, 비타민E는 피부를 산화로부터 보호하는 역할을 한다. 따라서 비타민이 부족한 경우 피부의 탄력이 감소하고 주름이 생기는 등의 문제가 발생할 수 있다. 비타민C는 피부의 콜라겐 생성에 중요한 역할을 하며 항산화 작용으로 피부를 보호하고 미백 효과도 있다. 비타민E는 항산화 작용으로 피부를 보호하고 피부 탄력을 유지한다. 그리고 피부 장벽을 강화하여 건조를 예방한다.
- 미네랄 : 미네랄은 피부의 건강한 기능을 지원하는 데 중요하다. 특히 아연, 철, 마그네슘 등의 미네랄은 피부 재생과 염증 완화에 필요한 역할을 한다. 미네랄이 부족한 경우 피부의 면역 기능이 약화되고 여드름, 건조함, 가려움증 등의 피부 문제가 발생할 수 있다.
- 단백질 : 단백질은 피부의 구조를 유지하고 복원하는 데 필수적이다. 특히 콜라겐과 엘라스틴 같은 단백질은 피부의 탄력과 촉촉함을 유지하는 데 중요한 역할을 하며 단백질이 부족한 경우 피부가 느슨해지고 주름이 생기는 등의 문제가 발생할 수 있다.

4. 과도한 각질

얼굴이 붓는 원인 중 하나는 피부의 각질이 쌓이거나 과도하게 생성되는 경우이다. 각질은 피부의 외부 층을 구성하는 죽은 피부 세포로, 적절한 양의 각질은 피부의 보호 기능을 유지하는 데 중요하다. 그러나 각질이 너무 많이 쌓이거나 지나치게 생성되면 피부의 표면이 거칠어지고 부풀어 오르며 붓는 현상이 나타날 수 있다.

이러한 각질 쌓임이나 과도한 각질 생성은 다양한 요인에 의해 유발될 수 있다. 예를 들어, 피부의 수분이 부족하거나 건조한 환경에 노출되면 각질이 쉽게 쌓이게 될 수 있다. 또한, 피부가 지나치게 지성인 경우에도 건조해져 각질 생성이 증가할 수 있다.

부분적으로, 각질 생성이 증가하는 주된 원인 중 하나는 피부의 염증 반응이다. 염증은 피부의 상태를 악화시키고, 각질 생성을 촉진할 수 있다. 이러한 염증은 외부 자극이나 알레르기 반응에 의해 유발될 수 있으며, 이때는 피부의 자극을 줄이는 것이 중요하다.

따라서 피부의 각질 관리는 얼굴이 붓는 현상을 줄이는 데 중요한 요소이다. 우리가 목욕탕에 가서 세신을 받고 나면 몸의 부기가 빠지고 가벼워지는 것을 느낄 수 있다. 불필요한 각질이 탈락되면서 부기가 빠지는 것이다. 얼굴의 경우에도 동일하게 적용될 수 있는데, 주의 사항은 무리하게 각질을 벗겨내는 것보다는 수분과 영양공급을 통하여 각질 스스로 탈락할 수 있는 환경을 만드는 게 제일 좋다는 점이다. 또는 스크럽이나 각질 제거 제품을 부드럽게 사용하여 적절한 각질 관리를 했을 때 부기가 빠지는 것을 느낄 수 있다.

얼굴 부기의 원인은 앞의 네 가지 사항에 대한 부분을 이해하고 체크하며 해결 방법에 대한 실천이 매우 중요하다. 우리는 알고 있음에도 불구하고 아마 실천을 미뤄두고 있었을 것이다. 이 네 가지를 염두해서 점검한다면 얼굴 부기에 대한 고민은 사라질 것이다.

07

피부
회복 단계

••••

명품 피부를 위한 숙면의 기술

▌귀티 나는 명품 피부가 되려면 잠을 잘 자야 한다

옛날에 "미인은 잠꾸러기"라는 말이 있다. 이런 속설이 생긴 이유는 실제로 잠을 잘 자야 신체 기능의 회복이 활발해지고 외형적인 모습까지 영향을 끼친다.

명품 같은 피부를 가진 매력적인 사람들을 보면 자기만의 고유의 아우라를 풍기거나 부티, 귀티가 난다. 그 사람들을 유심히 관찰하게 되면 낯빛이 맑고 건강한 피부색을 가졌으며 총명하고 눈빛이 맑게 살아있음을 볼 수 있다. 에너지가 충만해 보이고, 계속 함께 있고 싶고, 가까이 다가가고 싶은 마음이 생긴다.

양질의 잠을 청하지 못하는 사람들은 대개 공통적으로 보이는 피부 특징이 있다. 수분 부족으로 잔주름이 있고 피부색이 노랗게 뜨거나 창백하고 탁해지며 피부의 탄력이 떨어져서 피부가 헐렁

한 가죽의 느낌이 나타난다. 그리고 피부에 염증 반응을 가지고 있으며 트러블이 생기는 경우를 볼 수 있다. 또한 피부가 건조해지고 혈액 순환장애를 일으켜 얼굴 민낯이 탁해지기도 하며 다크서클을 만들어 내기도 한다.

이런 사람들은 대부분 목, 어깨의 긴장도가 높고 목덜미의 조직이 부어 있거나 근육들이 많이 뭉쳐 협착되어 림프가 막혀 있는 모습들을 볼 수 있다. 또한 스트레스 호르몬인 코르티솔의 분비를 증가시켜 피부 상태를 더 악화시킨다.

양질의 수면은 자체 회복과 재생에 중요한 큰 역할을 한다. 늦게까지 잠을 자지 않을 경우 뼈가 시리다는 경험을 해보았을 수도 있다. 규칙적인 양질의 수면은 성인에게도 미약하게 분비되는 성장호르몬을 활성화해 콜라겐 생성 및 근골격 강화와 지방 분해에 도움을 준다. 그리고 숙면을 취했을 때 나오는 멜라토닌 호르몬이 분비되면 스트레스로 인한 활성산소를 제거해 준다. 또한 충분한 수면을 취하지 못하면 몸 에너지가 고갈되어 생기가 없고 얼굴의 밝은 표정이 상실되며, 기운이 없어 보여 그 사람에게 가까이 가고 싶은 생각이 떨어지게 된다.

한 사례로, 자기 관리를 하는 20대, 30대 고객 중에 인상 깊었던 분이 있었는데, 저녁에 일을 하시는 고객이었다. 밤늦게 술을 마시고 밤낮이 바뀌어 생활하며, 폐쇄공포증과 틱 현상, 불면증까지 앓고 있는 여성이었다. 보통 잠드는 시간이 새벽 5시~6시 이후였으니 몸의 해독이 되질 않고 매일 일어나면 시체처럼 몸의 기운이 하나도 없고 낯빛이 칙칙하고 목소리가 기어들어 갔다.

그런 생활 패턴을 가지면서도 절실하게 다이어트도 필요한 상태였다. 당장 돈을 벌어야 했기 때문에 일을 그만둘 수 없는 상황이라 최대한 규칙적인 생활, 그리고 너무 피곤해도 꼭 샤워하고 주무시는 것을 권해드렸고, 일어나면 천연입욕제와 솔트를 넣고 반신욕과 족욕을 번갈아 가며 매일 하는 것을 제안했다. 아울러 활성산소를 억제하며 열을 빼주는 아로마를 꼭 바르게 했다. 여기에 더해 아침에 혼자 할 수 있는 셀프 스트레칭을 알려드렸다. 심장에서부터 발끝까지 혈액순환이 될 수 있도록 마사지 볼로 발바닥을 한쪽당 50회 굴리기, 또한 가볍게 할 수 있는 고관절 운동법 등이었다.

10시~새벽 2시까지는 성장호르몬 분비가 가장 많이 되는 시간이다. 규칙적인 수면 습관이야말로 정말 중요한데, 이 고객이 현 상황에서 가지고 있는 생활패턴에서 최대한 심신의 안정감을 찾을 수 있게 코칭을 도와드렸다. 먹는 것도 인스턴트 음식을 자제시키고 살아있는 음식, 그리고 교감신경을 이완시켜 수면에 도움 되는 초록색 야채인 상추, 과도한 나트륨의 배출을 도와주어 염증을 없애주며 면역력에 도움 되는 카로틴이 풍부한 당근 등 싱싱한 음식 섭취의 식단을 짜드렸고, 가공식품은 최대한 먹지 않도록 권했다.

그 결과 지금 현재도 밤낮이 바뀐 동일한 생활 패턴은 가지고 있지만 상담을 통해 폐쇄공포증과 틱 현상은 없어지고 정서적인 안정감과 규칙적인 생활을 하며 좋은 컨디션을 유지하고 있다. 다이어트에도 성공해서 지금은 한 달에 두 번 정도만 샵에 방문한다.

케어를 받는 것도 중요하지만 꾸준한 홈케어가 핵심 열쇠이다. 우리 몸은 항상성이 있기 때문에 다시 돌아가려고 한다. 홈케어로 그 항상성을 잡아주게 되면 내 몸이 다시 리셋될 수 있다.

충분한 양질의 숙면은 아름다움을 위한 준비 단계이다. 오장육부의 건강 상태는 나의 피부가 말해주고 있다. 규칙적인 수면 시간은 우리 몸에 회복과 휴식을 가져다주며, 긍정적인 마인드를 유지해 정서적인 내면의 아름다운 상태를 갖추는 데 큰 작용을 하게 된다. 나의 컨디션은 곧 나의 명품 피부를 결정한다.

자기 전에 누웠을 때만이라도 휴대전화를 잠시 멀리하고 양질의 숙면으로 매일 아침 나의 컨디션을 올려보자.

Chapter.3

당신이 꼭 알아야할
피부에 대한 사실

성형외과, 피부과, 피부 전문가, 차이는?

　우리의 외모와 피부 건강에 대한 관심이 과거보다 더욱 높아지고 있습니다. 피부의 상태는 우리의 자신감과 삶의 질에 큰 영향을 미치며, 많은 사람들이 이를 향상하기 위해 노력하고 있습니다. 그러나 피부와 미모에 대한 관심이 증가함에 따라서, 어떤 전문가를 선택해야 하는지에 대한 혼란도 증가하고 있습니다. 피부와 미모는 우리의 자신감과 삶의 질에 큰 영향을 미치는 중요한 요소입니다. 이에 따라 많은 사람들이 피부 관리와 미용에 큰 관심을 기울이고 있습니다. 그러나 피부와 미모의 관리를 위해서는 어떤 전문가를 선택해야 하는지에 대한 이해가 필요합니다.

　성형외과 전문의는 외부적인 미모와 관련된 다양한 성형수술 및 미용 시술을 전문적으로 수행합니다. 이들은 코 성형 수술, 윤곽 성형수술, 지방흡입, 윤곽 주사, 안면 리프팅 등의 수술 및 시술을 수행하며, 그 외에도 신체적인 만족도를 향상하는 데 중점을 둡니다.

　외부적인 미모에 대한 전문적인 지식과 성형 수술 기술을 보유하고 있으며, 환자의 개인적인 요구에 맞춘 맞춤형 치료를 제공할 수 있습니다. 그리고 성형외과 수술은 일반적으로 높은 위험성과 비용이 따르며, 잘못된 수술이나 시술은 심각한 심각한 부작용을 초래할 수 있기 때문에 이러한 선택은 신중하게 고려되어야 합니다.

　피부과 전문의는 피부 질환의 진단과 치료에 전문화된 의사입니다. 피부 질환의 진단 및 치료에 대한 전문 지식과 기술을 보유하고 있습니다. 피부 질환의 치료뿐만 아니라 피부 성형 수술 및 미용 시술도 수행합니다. 여드름, 건선, 피부암 등 다양한 피부 질환을 다루며, 피부검사, 피부 생리학적 치료, 레이저 치료 등을 시행합니다. 그리고 피부 질환에 대한 철저한 진단과 치료를 제공할 수 있습니다. 또한 피부 성형 수술이나 미용 시술을 통해 피부의 모양과 상태를 개선할 수 있습니다. 피부 질환 치료의 경우 종종 지속적인 관리와 치료가 필요하며, 치료 과정이 오랜 시간이 걸릴 수 있습니다. 그리고 잘못된 시술은 부작용을 초래할 수 있기 때문에 충분한 상담과 고민을 한 다음 결정하시는 것을 추천 드립니다. 자신의 목표와 기대치를 명확히 이해하고, 신뢰할 수 있는 피부 전문가와의 상담을 통해 안전성과 가능성을 평가해야 합니다.

　피부 전문가는 피부 관리 및 화장품에 대한 전문 지식을 가지고 있습니다. 그리고 피부 건강과 관련된 다양한 서비스를 제공합니다. 피부 상태를 평가하고 일상적인 피부관리 루틴을 제안하는 역할을 하며 피부 관리, 피부 상담, 스킨케어 제품 및 트리트먼트를 추천하고, 피부를 깨끗하게 하고 건강한 피부 상태를 개선하는 데 도움을 줍니다. 성형외과나 피부과보다 부작용이 없으며, 오히려 수술이나 시술 전 또는 후에 회복관리로 적합하며, 이런 경우 더욱 더 미용적인 측면에서 성형 후 자연스러움을 빠르게 유도할 수 있습니다.

단점은 특수한 피부 질환의 진단이나 치료에는 적합하지 않을 수 있으며, 심각한 피부 문제의 경우 피부과 전문의를 방문해야 할 수도 있습니다.

이렇듯, 피부전문가, 피부과 전문의, 성형외과 전문의는 모두 피부와 얼굴의 외모에 대한 관련된 진료 또는 상담을 제공하는 전문가들이지만 각각의 전문가들은 서로 다른 전문성을 가지고 있으며 활동 영역과 장단점도 다릅니다. 요약하면, 성형외과 전문의는 성형 수술을 전문으로 하는 의사이며, 피부과전문의는 피부 질환의 진료와 치료에 전문화된 의사입니다. 반면 피부전문가는 피부 관리와 화장품에 대한 전문 지식을 가진 전문가입니다. 모든 전문가들은 각자의 영역에서 아름다운 외모를 돕는 중요한 역할을 하므로 자신의 특정 상황과 요구에 따라 적합한 전문가를 선택하세요.

지인에게 소개받은 병원, 저는 왜 효과를 보지 못할까요?

병원 편

지인의 피부가 좋아져서 소개받은 병원에서 시술받았는데, 본인은 효과를 보지 못하는 데에는 다음과 같은 이유를 들 수 있습니다.

＊ 개인의 피부 상태가 다르다

사람마다 피부 상태가 다릅니다. 지인의 피부 상태와 본인의 피부 상태가 다르다면, 같은 시술을 받아도 효과가 다를 수 있습니다. 예를 들어, 지인은 피부가 건조한 상태였는데, 본인은 피부가 지성인 경우, 같은 보습 시술을 받아도 지인의 피부에는 효과가 나타나지만, 본인의 피부에는 효과가 나타나지 않을 수 있습니다.

＊ 시술 방법이나 시술자의 숙련도가 다르다

같은 시술이라도, 시술 방법이나 시술자의 숙련도에 따라 효과가 달라질 수 있습니다. 지인은 숙련된 시술자에게 시술을 받았지만 본인이 시술받은 시술자가 숙련되지 않은 경우, 같은 시술을 받아도 지인의 피부에는 효과가 나타나지만, 본인의 피부에는 효과가 나타나지 않을 수 있습니다.

✽ 생활 습관이 다르다

생활 습관도 피부 상태에 영향을 미칠 수 있습니다. 지인의 평소 생활 습관이 규칙적이며 컨디션 조절을 잘했을 경우, 시술 후에도 건강한 생활 습관을 유지하고 있는 경우, 시술 후 재생관리나 재생 제품을 잘 발라주면 효과는 극대화됩니다. 본인이 시술 전이나 시술 후에도 건강하지 못한 생활 패턴을 가지고 있는 경우, 야식을 자주 먹고 잠을 충분히 자지 못하고 시술 후에도 거기에 맞는 사후 케어를 하지 않는다면 같은 시술을 받아도 지인의 피부에는 효과가 나타나지만, 본인의 피부에는 효과가 나타나지 않을 수 있습니다.

따라서, 지인의 피부가 좋아져서 소개받은 병원에서 시술받았지만, 본인은 효과를 보지 못하는 경우, 다음과 같은 방법을 시도해 볼 수 있습니다.

✽ 전문가와 상담한다

시술을 받은 병원의 의료진과 상담하여, 본인의 피부 상태와 시술 방법에 대해 자세히 알아보고 프로그램에 대하여 숙지하는 것이 좋습니다. 시술 후에도 사후관리에 대한 정보를 가지고 실천하

서야 합니다. 신뢰가 가지 않는다면 3~5군데의 전문가와 상담을 하는 것이 좋습니다. 웬만하면 시술을 직접 집도하는 의사가 직접 상담해주는 곳에서 상담받는 것을 추천합니다.

❋ 다른 시술을 고려해 본다

지인이 받은 시술이 본인에게 적합하지 않을 수 있습니다. 다른 시술을 고려해 보는 것도 좋은 방법입니다. 병원의 의료진과 상담하여, 본인의 피부 상태와 시술 방법에 대해 자세히 알아보고 거기에서 추천해 주는 프로그램을 받는 것이 좋습니다.

❋ 생활 습관을 개선한다

건강한 생활 습관을 유지하면, 시술 효과를 높이는 데 도움이 될 수 있습니다.

사람마다 바탕의 그릇이 다릅니다. 사람의 바탕 그릇이란 태어나서의 가지고 있는 피부 체질이 천차만별임에 대한 비유입니다. 보통은 혈액순환이 잘 안되거나 혈관이 탁해져 있는 경우 몸에 염증지수가 높을 확률이 크기 때문에 좋은 시술을 받더라도 이미 내 몸에 쌓인 독소들이 많게 되면 흡수하는 기능이 떨어지며, 특히 병원에서 하는 자극적인 시술과 맞지 않을 확률이 높습니다. 모든 레이저 시술(리프팅, 토닝)은 보통 열에너지를 이용하여 피부에 자극을 주어 재생하는 방식입니다. 몸의 컨디션이나 피부의 컨디션이 현저히 떨어졌을 때는 우리 몸의 재생 기능이 떨어져 회복이 느리기 때문에 추천해 드리지 않습니다. 그리고 주입하는 스킨 부스터의 종류인 리쥬란힐러의 경우 깊은 바늘을 이용하기 때문에, 얼굴에 염증이 있는 경우에는 모공이 붓거나 재생이 빨리 이루어지기 힘든 상황이 될 수 있습니다. 이런 경우는 먼저 나의 생활 패턴을 점검하여 숙면을 통해 회복 기능이 정상화되었을 때 시술하는 것을 추천해 드립니다.

다이어트, 스트레스, 수면 등 생활 습관 요인이 피부 건강에 영향을 줄 수 있습니다. 근본적인 건강 문제가 있거나 심각한 스트레스를 받는 경우 시술의 효과는 현저히 떨어질 수 있다는 것을 명심하세요.

혹시라도 어쩔 수 없는 상황에서 시술을 진행하게 된다면 최소 3일 전부터는 먹는 것, 자는 것을 체크하고 충분히 휴식을 가진 뒤 염증 완화에 도움이 되는 비타민류를 잘 섭취하여 빠르게 회복할 수 있는 몸 상태를 만들어 준 다음, 시술 후에도 일주일 정도는 너무 자극적인 음식은 피해주세요. 시술에 맞는 수분과 영양단계를 적절히 해주는 재생 제품과 함께 진행하는 것을 꼭 추천해 드립니다.

위와 같은 방법을 시도해 보면서, 자신에게 맞는 방법을 찾아, 원하는 피부 상태를 만들어 보시기 바랍니다.

유명 병원에서 필러시술 후
팔자주름이 점점 처져서 이상해졌어요

저는 예전 성형외과에서 피부 실무를 맡은 경험이 있어, 많은 고객분들이 필러에 대한 부작용으로 피부 상담을 요청합니다. 여러 가지 요인이 있을 수 있습니다. 필러 시술 전에는 좀 더 신중하게 고려하셨으면 좋았을 텐데, 안타까운 일이네요.

먼저 현재 자신의 컨디션을 체크해 보세요. 필러 시술 당시 나의 몸 상태가 어떠했는지, 시술 후 충분한 휴식을 취했는지, 그리고 현재 나의 생활 습관과 컨디션 조절이 어떤지 확인해야 합니다. 요즘은 팔자 부분에 필러를 선호하지 않으며, 팔자 부분은 매우 예민하기 때문에 많은 양의 필러를 한꺼번에 넣지 않습니다. 요즘은 자연스럽게 필러를 넣는 추세입니다. 그럼에도 불구하고 팔자가 더 처지는 느낌을 받는다면 자신의 생활 습관과 자세를 점검할 필요가 있습니다.

필러에서 딱딱한 이물감이 느껴진다면 병원에 다시 문의하셔야 합니다. 그렇지 않을 경우 적절한 피부 관리가 필요합니다. 사후 관리를 할 수 있는 곳을 찾아 상담을 받아보시는 것이 좋습니다. 여러 가지 사례가 있어서 명확한 답을 드릴 수는 없겠지만, 저희 샵을 방문하신 고객 중 한 분은 갱년기로 인해 얼굴에 열이 많이 오르는 증상을 겪으셨고, 필러를 맞은 다음 얼굴이 계속 붓고 필러가 부자연스럽게 느껴지는 증상이 있었습니다. 이 경우 호르몬 균형 케어와 성형 후 사후 관리를 함께 받으셔서 빠른 시간 내에 회복되었습니다. 꼭 자신의 컨디션과 환경을 체크해보셔야 합니다.

팔자 부분이 처지는 원인에는 여러 가지가 있을 수 있습니다.

※ 첫 번째, 림프 순환 정체

업무로 인해 과도하게 컴퓨터나 스마트폰을 사용했을 경우 몸 주위의 근육이 뭉치면서 림프의 순환 정체가 생깁니다. 목에는 흉쇄유돌근과 사각근 그리고 광경근이 분포되어 있습니다. 무리하게 팔을 많이 사용할수록 근육이 굳고 뭉칠 수 있게 되는데, 목의 근육이 많이 긴장되게 되면 얼굴 쪽으로 혈액순환이 현저히 떨어지게 됩니다. 림프가 막히면서 얼굴의 안색도 나빠지고 얼굴이 붓게 될 수 있습니다. 필러를 맞은 형태에서 또 한 번 얼굴이 붓게 되면 더욱 더 처진 얼굴의 상태가 될 수 있습니다.

※ 두 번째, 먹는 것 체크하기

맵거나 짠 자극적인 음식을 먹게 된다면 소화 기능이 떨어져 얼굴이 붓게 됩니다. 그중에서도 심부 볼 지방 조직이 비대해지는 현상을 겪게 됩니다. 내 몸은 유동적이기 때문에 시술 전에 얼굴이 부어 있는 경우 먹는 것에 대한 점검이 필요합니다. 피부 순환관리로 부기를 어느 정도 배출한 다음 시술을 추천해 드리며, 필러가 자리를 잡는 데에 최소 2주에서 한 달간은 조심하시는 것이 좋습니다.

필러는 흡수성과 비흡수성으로 크게 나뉘는데 흡수성은 대표적으로 히알루론산 필러를 들 수 있습니다. 시간이 지나면 자연분해가 가능합니다.

비흡수성은 자연적으로 흡수가 안 되기 때문에 반영구적으로 지속됩니다. 녹일 수 없기 때문에 살이 찌거나 빠지면 필러의 위치가 이동될 수 있기 때문에 나중을 생각하신다면 흡수성을 추천해 드리며, 시술 이후에 얼굴에 열감이 많이 생길수록 필러의 지속 기간이 짧아질 수 있습니다. 시술 이후 재생관리를 통하여 피부에 수분과 영양을 충분하게 준다면 유지 기간을 훨씬 오래 가지실 수 있습니다. 한 사례 중 예전에 필러를 맞은 지 3개월이 되셨고 자주 술을 드시며 술을 드시면 얼굴이 잘 붉어지는 고객님이 계셨습니다. 때문에 관리를 제대로 하지 못해서 필러가 빨리 빠진 경우였습니다. 하지만 수분과 영양에 대한 밸런스를 최대한 맞춰드리고 재생을 도와드려서 예전에 맞은 부분들이 다시 차올라 볼륨을 다시 찾으신 사례도 있습니다.

* **가능한 조정 또는 필러 용해**

병원에서는 상황에 따라 담당 의사가 기존 필러를 조정하거나 다른 부위에 필러를 추가하거나 필러를 용해하는 것을 권장할 수 있습니다. 필러를 과하게 넣었거나 불만족시에는 필러를 녹이는 것도 하나의 방법입니다.

❋ 필러의 한계를 이해하십시오
필러 시술의 한계를 인지하는 것이 중요합니다. 필러는 눈에 띄는 개선을 제공할 수 있지만 제약이 있으며, 과도하게 사용하면 원하는 결과를 얻지 못할 수 있습니다.

❋ 피부 건강 및 노화 요인
스트레스로 인해 피부 건강이 악화하면서 급격한 노화로 팔자 부위의 모양에 영향을 미칠 수 있습니다. 그 외에도 유전적 요인 등이 있습니다.

재생관리는 시술 전, 시술 후 충분히 필요합니다. 필러 시술에 앞서 몸에 염증이 많은 경우 이물 반응에 취약할 수 있으므로 다음번에는 자기 자신의 현재 상태에 대하여 잘 체크하시고 시술을 진행하시길 바랍니다. 그리고 웬만하면 시술보다는 피부 장벽을 건강하게 만들고 얼굴의 구조적인 형태를 시술이나 수술 이외에 자연적인 방법으로 만드는 것을 추천드립니다. 한번 잘못되면 다시 돌이킬 수 없는 강을 건너는 것이기 때문에 회복하는 데 비용이 많이 들 뿐만 아니라 심리적인 스트레스로 인한 악순환이 계속될 수 있습니다.

소문난 ○○화장품, 사용한 지 3개월째인데 더 이상 효과가 없어요

 3개월 동안 화장품을 사용했는데 더 이상 자신이 의도한 효과를 느끼지 못한다면, 이러한 상황에 영향을 미치는 몇 가지 요인이 있을 수 있습니다. 다음은 몇 가지 고려 사항입니다.

1. 제품에 대한 내성

피부는 시간이 지남에 따라 특정 스킨케어 제품에 익숙해져 효과에 대한 인식이 감소할 수 있습니다. 이는 피부가 활성 성분에 적응하여 반응이 둔해지는 과정입니다.

내성의 원인

- 피부 재생 주기 : 피부는 약 28일 주기로 재생됩니다. 따라서 장기간 같은 제품을 동일한 방법으로 계속 사용하

면 피부가 성분에 익숙해지므로 피부의 기능이 어느 정도 개선이 되기 때문에 반응이 감소한다고 느낄 수 있습니다.
- 활성 성분 감소 : 제품의 활성 성분이 시간이 지남에 따라 분해되거나 산화되어 효과가 감소할 수 있습니다. 화장품을 개봉한 후 너무 오랜 시간 사용하는 것은 추천해드리지 않습니다.
- 피부 상태 변화 : 계절, 나이, 호르몬 변화 등에 따라 피부 상태가 변하면 제품에 대한 반응도 달라질 수 있습니다.

내성을 예방하는 방법

- 다양한 방법의 제품 사용 : 정기적으로 제품의 순서를 바꾸거나 바르는 방법을 다르게 사용하면 피부가 특정 성분에 익숙해지는 것을 예방할 수 있습니다.
- 휴식 기간 설정 : 같은 제품을 장기간 사용하지 않고 휴식 기간을 둔 후 다시 사용하거나 꼭 필요한 부위만 바르게 되면 효과를 유지하는 데 도움이 됩니다.
- 전문가 상담 : 피부 상태에 맞는 제품을 선택하고 사용하는 방법에 대해 피부 전문가에게 상담받는 것이 좋습니다.

내성 발생 시 대처 방법

- 제품 바르는 순서 변경 : 피부 컨디션에 따라 바르는 방식이나 순서를 다르게 해보세요. 예를 들어 토너를 사용

하실 때 일회용 페이스 타올(일회용 해면)로 얼굴 전면을 닦고 토너를 다시 한번 더 얼굴에 전체적으로 앰풀을 사용하듯 발라주는 방법도 포함됩니다.

- 활성 성분 농도 증가 : 더 높은 농도의 활성 성분을 함유한 제품을 사용해 보세요. 효능이 있는 제품의 농도가 깊을수록 기능적인 부분들을 많이 가질 수 있습니다. 함유량이 높은 제품은 가격대가 높기 때문에 농도가 낮은 제품과 번갈아 가며 사용하면 가성비를 느낄 수 있습니다. 히알루론산은 우리 피부의 천연 보습 요인 중 하나로, 피부에 수분을 충전하여 건강하고 촉촉하게 유지하는 데 도움을 줍니다. 이러한 성질로 인해 히알루론산은 많은 화장품 제품의 주요 성분 중 하나로 사용되고 있습니다. 가격은 제품의 브랜드, 용량, 품질, 성분 함량, 추가 기능 등에 따라 다양하게 변동됩니다. 그 때문에 1만 원대부터 10만 원을 넘어가는 제품들까지 다양한 가격대가 존재합니다. 이러한 제품을 선택할 때, 저녁에 사용하는 경우에는 피부가 수분과 영양을 흡수하고 회복하는 시간인 수면 중에 최대한 효과를 높이기 위해 순도가 높고 농도가 풍부한 제품을 고르는 것이 좋습니다. 이를 통해 피부에 영양을 공급하고 보습력을 강화하여 피부가 건강하게 회복될 수 있습니다. 또한, 아침에는 피부에 남아 있는 유효성분을 최대한 활용하기 위해 가볍게 농도가 낮은 것을 사용하는 것은 제품을 효과적으로 활용하면서도 가성비를 높일 수 있는 방법 중 하나입니다.

- 복합 성분 제품 사용 : 여러 가지 활성 성분을 함유한 제품을 사용하면 피부가 특정 성분에 익숙해지는 것을 예방할 수 있습니다.

주의 사항

　내성이 발생했다고 해서 반드시 제품이 효과가 없다는 것은 아닙니다. 피부 상태에 따라 제품의 효과가 다르게 나타날 수 있으므로 전문가의 도움을 받아 자신에게 맞는 피부관리 루틴으로 관리하는 것이 중요합니다. 정기적으로 피부관리 루틴을 다시 점검해 보세요. 우리의 피부는 일정 기간 사용하게 되면 어느 정도 기능이 좋아지면 그다음에는 더 이상 효과가 없다고 느껴집니다. 그럴 때는 바르는 순서나 도구를 조금씩 바꾸면서 사용하셔야 합니다.

　예를 들어서 피부의 탄력이 떨어져서 토너 … 앰플 … 재생 크림 이렇게 단순한 형태로 사용하셨다면, 그다음은 토너를 사용할 때 거품용기에 넣어서 좀 더 머물러서 깊이 침투할 수 있는 환경을 만들어줍니다. 화장품들을 바를 때도 내 손바닥에 있는 투명층에 침투할 수 없도록 니트릴 일회용 장갑을 착용하여 오롯이 제품이 얼굴에 흡수되도록 해주고 흡수하는 약간의 시간을 만들어줍니다.

　여건이 되면 제품 흡수를 도와주는 LED 램프 마스크를 구매하여 마스크 옵션을 레드로 선택한 후 2~3분간 흡수시켜주는 방법도 좋습니다. 재생 크림의 경우에도 실리콘 붓을 이용하여 얼굴에 수면팩 바르듯이 얇게 도포하여 2~3분 정도 있다가 손으로 전체적인 흡수를 도와주는 것도 큰 도움이 됩니다.

　화장품을 사용한 이후 효과를 더 이상 보지 못할 시점에 더 좋아지고 싶은 부분을 좀 더 구체화시켜 계획적으로 바르는 방법을 바꾸어 주시면 좀 더 큰 효과를 누리시게 될 것입니다.

2. 제품 성분
스킨케어 제품의 효과는 특정 성분과 농도에 따라 달라질 수 있습니다. 시간이 지남에 따라 피부는 특정 성분으로 인해 포화점에 도달할 수 있습니다. 귀하의 피부에 더 잘 맞는 다양한 제형이나 성분을 알아보려면 스킨케어 전문가와 상담해 보세요.

3. 계절별 변경 사항
계절에 따라 피부 요구 사항이 변경될 수 있습니다. 온도, 습도, 햇빛 노출과 같은 요인이 피부에 영향을 줄 수 있습니다. 계절 변화에 맞춰 스킨케어 루틴을 조정해 보세요.

4. 일관성
스킨케어에서는 일관성이 중요합니다. 제품을 바르는 용량이나 방법이 규칙적으로 실행되고 있는지 확인하세요. 단계를 건너뛰거나 제품을 일관되지 않게 사용하면 효과에 영향을 미칠 수 있습니다.

5. 피부 변화
생활 방식, 식습관, 스트레스 수준 또는 전반적인 건강 상태의 변화가 피부 상태에 영향을 미칠 수 있습니다. 피부 변화에 영향을 미칠 수 있는 요인을 염두에 두고 이를 해결하는 것을 고려하세요.

6. 피부전문가와 상담하세요

원하는 결과가 나오지 않으면 피부전문가나 피부과 전문의와 상담하는 것을 고려해 보세요. 피부를 점검하고, 우려 사항에 대해 논의하고, 당신의 특정 요구에 맞는 권장 사항을 제공할 수 있습니다.

7. 제품 순환

피부가 하나의 제형에 너무 익숙해지지 않도록 다양한 활성 성분을 함유한 제품을 순환적으로 상황에 맞게 피부 상태에 따라 발라주세요. 다양한 피부 문제를 해결하는 데 도움이 될 수 있습니다.

8. 수분 공급 및 영양

수분을 유지하고 비타민과 영양소가 풍부한 균형 잡힌 식단을 유지하십시오. 이러한 요인은 전반적인 피부 건강에 도움이 됩니다.

9. 각질 제거

각질 제거를 루틴에 포함해 각질을 제거하면 스킨케어 제품이 피부에 더 잘 침투할 수 있습니다. 하지만 과도한 각질 제거는 자극을 유발할 수 있으므로 최대한 자극을 최소화해주세요.

10. 인내

스킨케어 결과가 항상 즉각적으로 나타나는 것은 아닙니다. 피부 상태에 따라 다를 수 있고, 어떤 제품을 사용하는지, 누구에게 상담받아 사용하고 관리 받는지에 따라서도 달라집니다. 인내심을 갖고 제품을 잘 발라줄 수 있는 사용 시간을 확보해 주세요.

  스킨케어 제품에 대한 개인의 반응은 다양할 수 있으며, 한 사람에게 효과가 있는 것이 다른 사람에게는 동일하게 작용하지 않을 수 있다는 점을 유념하는 것이 중요합니다. 사용 중인 제품에 대해 스스로가 확실하지 않은 경우, 고민이 지속된다면 피부 전문가에게 조언을 구해 자신의 피부 타입과 고민에 따른 맞춤 지도를 받는 것을 추천합니다.

화장품의 성분이 피부에 적합하지 않습니다

  모든 사람이 같은 화장품에 같은 효과를 보이는 것은 아닙니다. 화장품의 성분이 피부에 적합하지 않으면, 오히려 피부 트러블이나 부작용을 일으킬 수 있습니다. 따라서, 화장품을 선택할 때는 본인의 피부 타입과 특성을 고려하여, 피부에 적합한 화장품을 선택하는 것이 중요합니다.

화장품을 올바르게 사용하지 않습니다

  화장품을 올바르게 사용하지 않으면, 효과를 제대로 보지 못할 수 있습니다. 예를 들어, 화장품을 너무 많이 바르면 오히려 피부에 자극을 줄 수 있습니다. 또한, 화장품을 깨끗하게 지우지 않으면, 피부에 노폐물이 쌓여 효과를 저하시킬 수 있습니다. 따라서, 화장품을 사용할 때는 사용 설명서를 꼼꼼히 읽고, 올바른 방법으로 사용해야 합니다.

피부 상태가 변했습니다

피부 상태는 나이, 생활 습관, 환경 등 다양한 요인에 따라 변할 수 있습니다. 따라서, 화장품을 사용하기 시작했을 때는 효과가 있었지만, 시간이 지나면서 피부 상태가 변하면 더 이상 효과를 보지 못할 수 있습니다. 이러한 경우, 피부 상태에 맞는 화장품을 선택하거나, 다른 시술을 고려해 볼 수 있습니다.

따라서, 효과 좋다고 소문난 화장품을 사용한 지 3개월째인데 더 이상 효과를 못 느낀다면, 다음과 같은 방법을 시도해 볼 수 있습니다.

화장품을 바꾸어 봅니다

화장품의 성분이 피부에 적합하지 않거나, 화장품을 올바르게 사용하지 않는 경우, 화장품을 바꾸어 보는 것이 도움이 될 수 있습니다. 화장품을 바꿀 때는 본인의 피부 타입과 특성을 고려하여, 피부에 적합한 화장품을 선택하는 것이 중요합니다.

피부 상태와 바르는 방법과 순서를 점검해 봅니다

피부 상태가 변했을 경우, 피부 상태에 맞는 화장품을 선택하거나, 다른 시술을 고려해 볼 수 있습니다. 피부 상태를 점검하기 위해서는 피부 전문가와 상담하는 것이 좋습니다.

위와 같은 방법을 시도해 보면서, 자신에게 맞는 방법을 찾아, 원하는 피부 상태를 만들어 보시기 바랍니다.

보습을 아무리 해도 항상 건조하고
화장을 하게 되면 밀리거나 뜨게 돼요

보습을 해도 항상 얼굴이 건조한 이유는 우리 몸의 혈액순환이 잘되지 않게 되어 상체에는 열이 뜨고 하체는 차가워지는 현상이 일어나는데 한의학에서는 이 현상을 '상열하한(上熱下寒)'이라고 합니다.

혈액은 우리 몸의 모든 조직과 기관에 영양분과 산소를 공급하는 역할을 합니다. 혈액순환이 잘되면 몸의 모든 부분에 영양분과 산소가 골고루 공급되어 온몸이 따뜻해집니다. 그러나, 혈액순환이 잘되지 않으면 몸의 일부분에만 영양분과 산소가 공급되어 그 부분은 따뜻해지고, 다른 부분은 차가워질 수 있습니다. 그리고 얼굴에 혈액이 몰리면서 열이 많이 발생하여 수분이 부족해집니다.

얼굴에 대한 피드백

✱ 수분이 핵심입니다

- 하루 종일 충분한 물을 마셔서 몸과 피부가 안쪽에서부터 수분을 유지하도록 하세요.
- 특히 건기에는 생활 공간이나 작업 공간에 가습기를 사용하여 공기에 수분을 추가하는 것을 고려해 보세요.

✱ 부드러운 클렌징

- 피부의 각질세포 내 천연보습인자를 제거하지 않는, 순하고 수분과 유분을 적절하게 공급해 주는 클렌저를 사용하세요.
- 뜨거운 물은 피부를 더욱 건조하게 만들 수 있으므로 피하세요. 대신 미지근한 물을 선택하세요.

✱ 각질 제거

- 정기적으로 각질을 제거하여 죽은 피부 세포를 제거하세요. 하지만 지나치게 각질을 제거할 경우 건조함이 더욱 심해질 수 있으므로 주의하세요.
- 알파 하이드록시산(AHA) 또는 베타 하이드록시산(BHA)과 같은 성분이 함유된 순한 각질 제거제를 선택하세요. 단 평소에 클렌징과 영양 & 수분 보충을 꼼꼼히 잘하게 되면 따로 각질 제거를 안 해도 됩니다.

✱ 보습

- 피부 타입에 맞는 풍부한 보습력의 보습제를 사용하세요. 히알루론산, 글리세린, 세라마이드와 같은 성분이 함유된 제품이 좋습니다.
- 세안 후 피부에 물기가 남아 있을 때 즉시 보습제를 발라 수분을 가둬주세요.

※ **레이어링 제품**

- 수분 공급을 더욱 강화하려면 보습 크림 또는 수분 재생 크림이나 오일을 섞어 사용하는 것이 좋습니다. 바르기 전에 수분 공급 앰플 또는 세럼을 사용하여 그 다음 바를 제품이 흡수가 잘될 수 있는 환경을 만들어 주세요. 각질이 잘 뜨는 피부일수록 제품이 흡수될 때까지 충분히 단계를 기다려 주신 후에 발라주는 게 포인트입니다.

※ **자외선 차단제**

- 화장전 꼭 발라주면 좋습니다. 집에 하루종일 있게 되더라도 조명에 의해서도 피부가 자극이 될 수 있기 때문에 집에서도 썬차단제를 발라주는 것이 좋습니다.

※ **메이크업 팁**

- 메이컵 전 수분을 충분히 줄 수 있는 수렴 효과가 있는 제품을 5~10분 정도 일회용 해면에 적셔 올려주세요.
- 건성 피부를 위해 특별히 고안된 메이크업 제품을 선택하세요.

- 파우더 타입의 제품은 건조함을 악화시킬 수 있으므로 최대한 피하거나 피부 타입에 맞는 색조를 선택해 주세요. 악건성의 피부인 경우 파우더 타입보다는 크림이나 리퀴드 파운데이션과 블러셔를 선택하세요.

몸에 대한 피드백
❋ 과로나 스트레스

혈액순환을 방해하는 요인입니다. 과로나 스트레스로 인해 몸이 긴장하면, 혈관이 수축하여 혈액순환이 저하됩니다. 반신욕은 몸의 이완을 돕기 때문에 몸의 긴장 완화와 회복에 도움이 됩니다. 반신욕을 통해서 몸의 순환을 도와주세요. 하체를 따뜻하게 해주면 얼굴로만 올라가는 열이 하부로 내려갑니다. 몸의 모공도 열리게 되며 얼굴 각질이 자연적으로 탈락할 수 있는 환경을 조성해 줍니다.

❋ 규칙적인 운동

규칙적인 운동은 혈액순환을 개선하는 데 효과적입니다. 특히, 유산소 운동은 혈액순환을 촉진하는 데 도움이 됩니다.

❋ 스트레스 관리

스트레스는 혈액순환을 방해하는 요인입니다. 스트레스를 관리하기 위해서는 충분한 휴식과 수면을 취하고, 취미 생활이나 명상 등을 통해 스트레스를 해소하는 것이 좋습니다.

※ 따뜻한 음식 섭취

따뜻한 음식은 혈액순환을 촉진하는 데 도움이 됩니다. 특히, 닭고기, 생선, 콩류, 곡물류 등이 좋습니다.

얼굴이 건조한 것은 혈액순환을 개선하는 노력을 통해 증상을 완화할 수 있습니다. 그러나, 증상이 너무 심하거나, 다른 질환이 원인인 경우에는 병원을 방문하여 정확한 진단 후 치료를 받는 것이 좋습니다.

코 수술 이후 코에
블랙헤드가 많이 생겼어요

* 샵에 가서 일주일에 한번 블랙헤드 관리를 받고 있는데도 불구하고 효과가 없는데 다른 방법이 없을까요?

코 수술 후 블랙헤드가 생기는 경우는 코 부위의 피부가 건조해지면서 피지 산출량이 증가하기 때문일 수 있습니다. 이것은 수술 이후 방치해두면 시간이 지나더라도 회복되는 부분보다도 오히려 예전보다 블랙헤드가 더 많아질 확률이 높습니다. 수술을 하고 나면 콧속 안의 조직에 흉터가 생기기 때문에 이전보다 혈액순환이 떨어집니다. 산소 공급이 원활하지 못하기 때문에 블랙헤드를 관리하기 위해 전문적인 샵에서 주기적으로 관리를 받는 것을 추천드리지만, 힘들다면 집에서 진행할 수 있는 다양한 방법을 시도해볼 수 있습니다.

적절한 클렌징(이중세안)

일상적인 클렌징 과정에서 효과적인 클렌징 제품을 사용하여 피부의 먼지, 오염물질, 피지를 제거하는 것이 중요합니다. 건조하고 피지가 많이 생기기 때문에 이중세안이 꼭 필요합니다. 유분과 수분을 적절하게 공급해주는 것이 중요합니다. 클렌징 오일이나 밤을 사용하기도 하지만, 자극적이지 않고 유수분을 일정하게 자극 없이 채워줄수 있는 클렌징 밀크와 클렌징 겔을 이용하여 이중세안하는 것을 적극 추천드립니다.

개선의 목적으로 하는 클렌징은 얼굴 전체 클렌징 전 코를 별도로 1차로 한 다음 전체 클렌징을 하면 좀더 깨끗한 코를 만들 수 있습니다.

✽ 1차 세안

- 클렌징 밀크를 실리콘 스파츌라로 코 전체에 퍼발라 도포해줍니다.
- 니트릴 장갑을 끼고 약간의 흡수를 한 다음 랩을 2~3분 정도 씌워 줍니다. 랩을 하는 이유는 수분이 빨리 날아가는 것을 막고 제품 흡수율을 높여줍니다. 랩을 제거한다음 물을 코에 살짝 묻혀 실리콘 브러쉬로 30~50초 동안 부드럽게 마사지하듯 러빙해주세요. 니트릴 장갑을 낀 채로 손가락 2~3지로 원을 그리며 30초 정도 부드럽게 러빙합니다.
- 그 다음 얼굴 전체로 클렌징 밀크를 도포한 후 손으로 러빙 해주세요. 물을 적신 일회용 페이스타올(일회용 해면)으

로 부드럽게 닦아줍니다.

✹ 2차 세안
- 클렌징겔을 코 부위부터 피부가 건조하거나 요철이 많은 부위에 전체적으로 도포한 후 러빙합니다. 물을 살짝 묻혀 거품이 충분히 나게 얼굴을 실리콘 브러쉬로 부드럽게 원을 그리며 문질러 준 다음 전체적으로 헹궈줍니다.

✹ 각질 제거
- 블랙헤드가 생기는 원인 중 하나는 피부의 각질이 쌓이는 것입니다. 따라서 각질 제거 제품이나 각질 관리 제품을 사용하여 코 주변의 각질을 부드럽게 제거해 주세요.

✹ 스팀 페이셜
- 피부를 스팀으로 가볍게 피부를 가열하면 모공이 확장되어 블랙헤드를 더 쉽게 제거할 수 있습니다. 따라서 스팀 페이셜을 진행하거나 따뜻한 수건을 이용하여 얼굴을 감싸 스팀을 취할 수 있습니다.

✹ 정기적인 관리
- 블랙헤드는 모공에 피지가 지속적으로 쌓이는 것을 막기 위해 정기적으로 관리해야 합니다. 코의 피부가 건조하게 되면 피지 분비량이 많아지게 되며, 코의 모공에 피지가 쌓이면서 모공이 넓어지게 됩니다. 모공이 넓어지게

되면 그 공간에 털이 자라나기도 합니다. 그 털을 블랙헤드로 착각하기도 합니다. 코의 모공에 영양과 수분을 충분히 채워주게 되면 털은 자연적으로 탈락하게 됩니다.

이러한 방법들을 조합하여 집에서도 효과적으로 블랙헤드를 관리할 수 있습니다. 하지만 블랙헤드가 심각한 경우나 효과가 없는 경우에는 피부전문가와 상담하여 전문적인 조언을 받는 것이 좋습니다.

비싼 화장품을 쓰는데도
얼굴 빛이 어두워지네요

값비싼 화장품을 사용한다고 해서 무조건 효과가 나타나는 것은 아닙니다. 자신의 피부 타입에 맞게 제품을 사용하고 적절한 상담을 통해서 자신에게 맞는 화장품과 사용 방법을 찾으시는 것을 추천해 드립니다. 이 문제를 해결하기 위한 몇 가지 잠재적인 이유와 원인은 다음과 같습니다.

※ 1. 자외선 차단

적절한 자외선 차단이 부족하면 특히 야외에서 시간을 보내는 경우 피부가 어두워질 수 있습니다. 흐린 날에도 매일 SPF 30 이상의 광범위한 자외선 차단제를 사용하고 있는지 확인하십시오. 3~5시간마다 자외선 차단제를 다시 발라주세요. 땀을 흘리거나 수영할 경우에는 더 자주 바르십시오.

※ 2. 부적절한 화장 제거

하루를 마친 후 메이크업을 제대로 지우지 않으면 피부가 어두워질 수 있습니다. 메이크업 잔여물이 모공을 막아 피부톤이 고르지 않게 될 수 있습니다. 잠자리에 들기 전에 순한 메이크업 리무버나 클렌징 제품을 사용하여 이중 세안을 통해 메이크업 흔적을 모두 제거하세요.

※ 3. 각질 제거

죽은 피부 세포가 피부 표면에 쌓여 피부를 칙칙하게 만들 수 있습니다.

※ 4. 화장품의 성분

화장품에는 피부를 어둡게 만드는 성분이 포함되어 있을 수 있습니다. 예를 들어, 탤크, 벤조페논, 파라벤, 인공 색소, 인공 향료 등이 피부를 어둡게 만들 수 있습니다. 따라서, 화장품의 성분을 꼼꼼히 확인하고, 피부 자극이 적고, 안전한 성분으로 만들어진 화장품을 사용하는 것이 좋습니다.

※ 5. 화장품의 사용 방법

화장품을 잘못 사용하면, 오히려 피부를 어둡게 만들 수 있습니다. 예를 들어, 화장품을 너무 두껍게 바르면, 피부가 숨을 쉬지 못해 어둡게 보일 수 있습니다. 또한, 화장품을 깨끗하게 지우지 않으면, 피부에 노폐물이 쌓여 어둡게 보일 수 있습니다. 따라서, 화장품을 적당량 바르고, 깨끗하게 지우는 것이 중요합니다.

✽ 6. 피부 상태

피부 상태가 좋지 않으면, 얼굴 낯빛이 어두워 보일 수 있습니다. 예를 들어, 피부가 건조하거나, 탄력이 떨어지면, 얼굴이 어둡고, 칙칙해 보일 수 있습니다. 따라서, 피부 상태를 개선하기 위한 노력이 필요합니다.

✽ 7. 생활 습관

생활 습관도 얼굴 낯빛에 영향을 미칠 수 있습니다. 예를 들어, 수면 부족, 스트레스, 흡연, 음주 등이 피부를 어둡게 만들 수 있습니다. 따라서, 건강한 생활 습관을 유지하는 것이 중요합니다. 따라서, 얼굴 낯빛을 밝게 하기 위해서는 다음과 같은 방법을 시도해 볼 수 있습니다.

✽ 8. 화장품 사용 방법 개선

제품을 바를 때 너무 두껍게 바르지 말고 먼저 고민이 있는 부위에 영양을 먼저 준 다음 전체적으로 제품을 발라주세요. 바르는 것도 중요한 만큼 세안도 깨끗하게 지우는 것도 중요하게 신경 써서 해주세요.

✽ 9. 피부 관리에 도움 되는 생활 습관 개선

피부 상태를 개선하기 위한 노력이 필요합니다. 예를 들어, 충분한 수면을 취하고, 스트레스를 관리하며, 건강한 식단을 유지하는 것이 좋습니다. 수면 부족, 스트레스, 흡연, 음주 등을 피하는 것이 중요합니다.

위와 같은 방법으로 잠재적인 원인을 찾고 책을 읽고 기본부터 다져보시는 것을 추천해 드립니다.

셀프 얼굴 관리를 하고 있는데도
얼굴이 틀어진 게 보여요

셀프 관리를 하고 있는데도 불구하고 얼굴이 틀어진 게 보인다는 분들이 종종 계십니다. 이러한 경우는 크게 두 가지 원인으로 나눌 수 있습니다.

첫 번째는 몸의 틀어짐입니다. 몸의 틀어짐 현상은 얼굴 골격에 큰 영향을 미치게 됩니다.

척추는 우리 얼굴의 길이를 대변하기도 하는데요. 척추가 길어지면 그 영향이 얼굴 길이에도 반영됩니다. 물론 케이스에 따라 조금씩 다를 수 있지만 80% 이상의 고객분들이 거북목이나 일자목이기 때문에 얼굴 길이에 변형이 찾아옵니다.

잦은 스마트폰 사용과 컴퓨터 업무로 인해 얼굴이 길어진 형태를 많이 볼 수 있는데요. 목의 변형은 척추에도 영향을 미치게 되면서 나이가 들면 들수록 뼈를 지지하는 근육이 약화하여 턱이 처지게 됩니다. 수면 자세가 한쪽으로 편중되어 있는 습관이라면 그런 부분들이 경추(목의 뼈)에 영향을 미치게 되기 때문에 턱이 틀어지면서 광대 또한 양쪽이 틀어지는 현상을 겪게 됩니다. 또한 미용상의 부분에서는 얼굴을 지지하는 얼굴의 뼈가 벌어지게 됩니다.

두 번째는 장기의 균형입니다. 우리 몸의 오른쪽은 간이 자리 잡고 있으며 왼쪽은 위가 자리 잡고 있습니다. 잦은 폭식과 불규칙한 식사가 반복되면 위에 가스가 차고 늘어나면서 갈비뼈에 변형을 일으키며 피로가 과도하게 누적되면 간이 붓거나 딱딱해지면서 갈비뼈의 변형을 유도하게 됩니다. 그렇게 되면 한쪽으로 커진 장기 때문에 척추 측만이 일어날 수 있게 됩니다. 이로 인해 당연히 척추의 균형이 깨지며 얼굴 틀어짐을 유발하게 됩니다. 이것이 얼굴이 틀어져 보이는 원인이 될 수 있습니다.

세 번째, 영양단계 노화로 인한 피부 탄력이 저하되어 피부 처짐이 생기면 얼굴의 윤곽이 무너지고, 얼굴이 틀어져 보일 수 있습니다. 나이가 들수록 그런 증상이 더욱 더 많이 발생합니다. 화장품을 잘 발라주는 것은 피부 노화를 막아 주는 지름길입니다. 스킨 …▸ 앰플 또는 에센스 …▸ 재생 크림의 순서대로 피부 장벽이 약화되면 피부에 화장품이 충분히 흡수될 수 있는 시간을 가져야 합니다.

한꺼번에 바르기보다는 2~3번 정도 단계화해서 발라주는 것이 포인트, 조금씩 흡수시키며 발라주는 게 포인트입니다. 우리가 물을 마실 때 한꺼번에 많이 마신다고 해도 수분이 우리 몸에 그대로 남아있지 않습니다. 조금씩 자주 마시는 게 도움이 되는 것처럼 화장품도 조금씩 여러 번 덧발라주는 게 중요한 열쇠입니다.

그 외에도 한쪽으로 턱을 괴거나 한쪽으로 씹기, 다리 꼬기 등을 삼가고 자세를 바르게 하지 않는다면 그런 부분들이 얼굴 골격에도 반영될 수 있습니다.

이러한 문제를 해결하기 위해서는 전문가와 상담을 통해 내 몸의 틀어짐을 체크하고 자세 수정부터 바르게 한 다음 이미 굳어진 조직들은 마사지 또는 운동을 통해 교정해서 나가면 됩니다.

또한, 얼굴 피부와 같이 나의 몸의 세포조직이 굳지 않도록 몸의 조직의 영양 단계도 체크하면서 최대한 몸의 상태가 지속해서 긴장하지 않는 환경을 조성해 주는 것이 꼭 필요합니다.

양질의 수면 상태를 만들어 주고 땀을 흘려 노폐물을 배설해 주면서 바디 로션 또는 컨디셔닝 로션을 발라주어 몸이 딱딱하게 굳지 않게 예방해 주는 것이 필요합니다. 피부 탄력을 유지하기 위한 생활 습관을 지키는 것도 중요합니다. 충분한 수분 섭취, 규칙적인 운동, 균형 잡힌 식단 등을 통해 피부 건강을 유지해야 합니다.

- "우리 몸의 기둥인 척추의 형태를 점검하세요. 4개의 만곡으로 정렬된 모습인지 일자 형태인지."
- "피부 처짐이나 피부 탄력 저하로 인해 얼굴이 틀어져 보이는 것일 수 있습니다."
- "피부 재생을 촉진하는 제품을 통해 피부 탄력을 개선하는 것이 도움이 될 수 있습니다."
- "피부 탄력을 유지하기 위한 생활 습관을 지키는 것도 중요합니다."

셀프 괄사 이후 얼굴의 부기는 빠졌지만 탄력이 떨어진 것 같아요

괄사는 도구를 이용하여 피부를 긁어 혈액 순환을 개선하고 긴장을 완화하며 전반적인 순환을 촉진하는 기술입니다. 하지만 적절한 지식이 없이 과도한 압력으로 셀프 괄사를 진행할 경우 부작용이 발생할 수 있습니다. 다음은 몇 가지 고려 사항입니다.

✱ 1. 멍과 홍조

무리한 압력을 가하거나 괄사 도구를 잘못 사용하면 멍이 들거나 붉어질 수 있습니다. 피부 손상을 방지하려면 너무 강하게 하는 것보다는 림프의 순환 경로를 인지하고 부드럽게 쓸어줘도 충분히 효과를 볼 수 있습니다.

✱ 2. 피부 손상 자극 및 발진

- 셀프 괄사를 너무 세게 하거나, 자주 하면 피부에 손상을 줄 수 있습니다. 피부가 붉어지고, 따끔거리는 증상이 나타날 수 있습니다. 심한 경우, 피부에 상처가 생길 수도 있습니다.
- 피부에 적합한 오일이나 크림을 충분히 바르지 않거나 건조한 피부에 괄사 도구를 사용할 경우 자극이나 발진이 발생할 수 있습니다. 과도한 힘을 가하는 것도 피부 자극을 유발할 수 있습니다.

✲ 3. 모세혈관 파손

과도한 압력이나 부적절한 기술로 인해 특히 얼굴의 민감한 부위의 모세 혈관이 파손될 수 있습니다. 부드럽게 하고 너무 많은 힘을 사용하지 않는 것이 중요합니다.

✲ 4. 감염 및 염증

- 깨끗하지 않은 괄사 도구를 사용하거나 시술 전 피부를 제대로 세척하지 않으면 감염 위험이 높아질 수 있습니다. 시작하기 전에 피부와 괄사 도구가 모두 깨끗한지 확인 후 시작하세요.
- 셀프 괄사를 통해 피부의 균열이 생기면, 세균이 침투하여 염증이 발생할 수 있습니다. 염증으로 인해 피부가 붉어지고, 부어오르며, 통증이 나타날 수 있습니다.
- 셀프 괄사를 통해 모낭이 손상되면, 모낭염이 발생할 수 있습니다. 모낭염으로 인해 피부에 붉은 뽀루지가 생기

고, 가렵거나 통증이 나타날 수 있습니다.

❋ 5. 피부 상태 악화

습진이나 건선과 같은 특정 피부 질환이 있는 개인의 경우 괄사가 증상을 악화시킬 수 있습니다. 기존에 피부 질환이 있는 경우 괄사를 시도하기 전에 체크하고 진행하는 것이 좋습니다.

❋ 6. 불편함이나 통증

괄사는 아프지 않아야 합니다. 과정 중에 불편함이나 통증이 느껴진다면 너무 많은 압력을 가하고 있거나 도구를 잘못 사용하고 있다는 의미일 수 있습니다.

❋ 7. 특정 부위 피하기

활성 발진, 상처, 상처 또는 감염이 있는 부위에는 괄사 사용을 피하는 것이 좋습니다. 또한 눈 등 민감한 부위는 주의하세요.

❋ 8. 개인 건강 고려 사항

혈액 응고 장애 또는 혈액 희석제를 복용하는 등 특정 건강 상태가 있는 개인은 잠재적인 합병증을 피하기 위해 괄사를 시도하기 전에 의료 전문가와 상담해야 합니다.

셀프 괄사 또는 집에서 하는 얼굴 기술을 시도하기 전에 적절한 교육을 받고 피부 전문가 또는 의료전문가에게 상담 받는 것이 중요합니다. 특히 근본적인 건강 문제나 피부 질환이 있는 경우에는 더욱 그렇습니다. 지속적인 발적, 자극 또는 기타 부작용이 나타나면 연습을 중단하고 의학적 조언을 구하는 것이 좋습니다.

셀프 괄사는 피부의 혈액 순환을 촉진하고, 노폐물 배출을 돕는 데 효과적인 것으로 알려져 있습니다. 하지만 셀프 괄사를 통해 피부가 손상되면, 색소 침착이 발생해 피부에 얼룩이 생길 수 있습니다. 따라서 셀프 괄사를 안전하게 하기 위해서는 다음과 같은 사항을 주의하는 것이 좋습니다.

- 피부가 건강한 상태에서 하십시오.
- 손톱을 짧게 한 상태에서 하십시오.
- 불안하다면 니트릴 장갑을 낀 상태에서 진행하세요. 니트릴 장갑은 미끄럼을 방지해 줍니다.
- 괄사 기구를 너무 세게 사용하지 마십시오.
- 괄사 후에는 피부를 깨끗이 씻으십시오.

셀프괄사는 피부 관리의 한 방법으로, 효과적으로 사용하면 피부 건강에 도움이 될 수 있습니다. 그러나 부작용을 예방하기 위해서는 올바른 방법으로 사용해야 합니다.

특히, 다음과 같은 경우에는 셀프괄사를 삼가는 것이 좋습니다.

- 피부가 민감한 경우

- 피부에 상처나 염증이 있는 경우
- 임신 중이거나 수유 중인 경우
- 피부 질환을 앓고 있는 경우

알려드린 내용을 바탕으로 진행하되 셀프 괄사 진행 후 얼굴에 좋은 유효한 성분에 재생성분의 제품을 발라주면 훨씬 더 피부의 탄력에 도움 됩니다. 약간의 열이 발생할 수 있으므로 얼굴을 한 번 가볍게 헹군 다음 팩을 써서 얼굴에 열감을 낮춰주며 영양성분을 꼭 침투시켜 주세요!!

윤곽 관리 20회 차인데
더 이상 좋아질 기미가 안 보이네요

    윤곽 관리는 일반적으로 10~20회 정도의 시술을 통해 효과를 볼 수 있습니다. 따라서, 20회 차까지 시술받았다면, 어느 정도의 윤곽 개선 효과를 보셨을 것으로 생각됩니다.

    그러나, 윤곽 관리의 효과는 개인의 피부 상태, 체질, 생활 습관 등에 따라 차이가 있을 수 있습니다. 또한, 시술 방법이나 시술자의 숙련도에 따라서도 결과가 달라질 수 있습니다.

    따라서, 20회 차까지 시술받았음에도 불구하고, 더 이상 좋아질 기미가 보이지 않는다면, 다음과 같은 이유가 있을 수 있습니다.

- 개인의 피부 상태가 개선에 필요한 정도까지 도달하지 못했다.

- 체질이나 생활 습관으로 인해 윤곽 개선이 더디게 진행되고 있다.
- 시술 방법이나 시술자의 숙련도가 충분하지 않다.

만약, 개인의 피부 상태가 개선에 필요한 정도까지 도달하지 못했다면, 피부 상태가 개선되는 프로그램에 집중된 케어가 필요할 수 있습니다. 그 전에 책에서 알려주는 클렌징 방법, 제품 바르는 방법, 수면 상태 점검, 반신욕, 음식 먹는 방법 등을 참고하여 실천 후 경과를 지켜보세요. 충분히 도움이 되실 겁니다. 실천 후 별다른 느낌을 받지 못한다면 그 이후에 다른 케어나 시술을 고려해 보시는 것을 추천해 드립니다.

또한, 체질이나 생활 습관으로 인해 윤곽 개선이 더디게 진행되고 있다면, 생활 습관을 개선하거나, 체질 개선을 위한 치료를 받는 것이 도움이 될 수 있습니다. 마지막으로, 시술 방법이나 시술자의 숙련도가 충분하지 않다면, 다른 샵이나 다른 시술 방법을 고려해 볼 수 있습니다.

따라서, 20회 차 시술 이후의 윤곽 개선 효과를 높이기 위해서는, 다음과 같은 방법을 시도해 볼 수 있습니다.

- 다른 프로그램 또는 시술자를 바꾼다.
- 생활 습관을 개선한다.
- 개인의 피부 상태가 개선에 필요한 케어 또는 시술을 받는다.

또한, 케어나 시술 후에는 다음과 같은 사항을 주의하여, 윤곽 개선 효과를 유지하는 데 도움이 될 수 있습니다.

- 규칙적인 운동과 건강한 식단으로 체중을 관리한다.
- 충분한 수면을 취하고, 스트레스를 관리한다.
- 자외선 차단제를 사용하여 피부를 보호한다.

윤곽 관리는 꾸준한 노력과 관리가 필요합니다. 따라서, 위와 같은 방법을 시도해 보면서, 자신에게 맞는 방법을 찾아, 원하는 윤곽을 만들어 보시기 바랍니다.

매번 똑같은 관리를 받게 되면 어느 정도 효과의 기대가 나타나면 그 이후는 케어의 방향을 바꾸어야 합니다. 화장품도 보통 3개월 정도 사용하게 되면 피부의 기능이 떨어진 부분이 회복되면서 내성이 생겨 그다음에는 효과를 잘 못 본다고 생각합니다. 관리의 방향성과 목표 설정을 다시 한번 점검을 받으시는 것을 추천해 드립니다.

원하는 결과를 얻지 못한 채 윤곽케어를 여러 번 받았다면 상황을 재평가하고 몇 가지 잠재적인 요인을 고려하는 것이 중요합니다.

자신의 기대가 현실적인지 확인하세요. 윤곽케어는 눈에 띄는 결과를 제공할 수 있지만 완벽함은 달성할 수 없으며 결과는 개인마다 다를 수 있습니다.

※ **1. 건강 및 생활 방식 요인**

전반적인 건강 상태, 식습관, 운동, 생활 방식 선택 등의 요인이 컨투어링 치료의 효과에 영향을 미칠 수 있습니다. 건강한 생활 방식을 유지하면 이러한 치료의 결과를 보완하고 향상할 수 있습니다.

✽ 2. 다른 전문가와 상담

해당 분야의 자격을 갖춘 다른 전문가에게 2차 소견을 구하는 것을 고려해 보십시오. 추가적인 통찰력이나 다른 솔루션을 제공할 수 있습니다.

✽ 3. 인내와 시간

일부 치료는 최적의 결과를 얻기 위해 여러 세션이 필요할 수 있으며 변화는 점진적으로 나타날 수 있습니다. 인내심을 갖고 치료 효과가 나타날 때까지 기다리세요.

✽ 4. 피부과 전문의나 성형외과 의사와 상담하세요

그래도 만족하지 못하신다면 피부과 전문의나 자격증을 갖춘 성형외과 전문의와 상담을 고려해 보세요. 이들은 귀하의 특정 상황을 평가하고, 전문적인 조언을 제공하며, 잠재적으로 대체 솔루션을 제공할 수 있습니다.

윤곽 관리에 대한 반응은 개인마다 다를 수 있으며 모든 시술이 모든 사람에게 적합한 것은 아니라는 점을 기억하는 것이 중요합니다. 또한 귀하의 전반적인 건강, 생활 방식 선택 및 치료

후 관리 지침 준수가 결과에 큰 영향을 미칠 수 있습니다.

 항상 담당 선생님과 공개적으로 소통하고, 우려 사항이나 질문이 있는 경우 전문가의 조언을 구하세요. 또한, 대체 치료법이나 제공자를 찾을 때 해당 분야에서 자격을 갖추고 경험이 있으며 허가를 받았는지 확인하세요.

20대 후반 여성인데, 또래보다 목주름이 많은 것 같아요

"목주름은 나무의 나이테와 같다"라는 말을 들어 보셨을까요? 이런 비유는 목주름이 사람의 나이와 경험을 반영한다는 의미에서 유래되었습니다. 이 비유는 사람이 나이를 먹을수록 피부에는 주름이 생기는 현상을 묘사할 때 사용됩니다. 예전에는 나무의 나이테 역시 나이가 들면서 그 해가 쌓여 튼튼해지듯이, 사람의 피부에도 삶의 경험이나 시간이 흐름에 따라 주름이 형성된다는, 삶의 흔적과 경험을 나타내는 상징적인 표현이었지만, 현대 사회에 들어서 요즘은 급격한 스마트폰 과다 사용으로 예전보다 목주름이 20대 초반에서부터 30대에도 많이 나타난다는 보고가 있습니다.

그 원인에는 피부 노화나 자외선 노출 등 다양한 원인들이 존재 합니다.

※ 첫 번째. 스마트 폰

생각보다 사람들이 자기 전이나 집에서 휴식을 취할 때 스마트폰을 누워서 많이 하는 것을 볼수 있습니다. 장시간 바로 누워서 하는 경우, 옆으로 누워서 하는 경우, 엎드려서 하는 경우, 이렇게 되면 목 주변 근육이 긴장하면서 주름이 생기기 쉬운 환경이 됩니다. 특히 엎드려서 스마트폰을 하는 경우 90% 이상이 목주름을 갖고 있었습니다. 목주름 때문에 상담을 하다보면 이런 목주름의 형태를 가지고 있는 사람들을 과거보다는 현재에 많이 보게 되는 이유입니다. 그리고 모든 사람이 그렇지는 않지만 일정 기간 동안 관리를 받고 나면 잠시 좋아졌다가 다시 되돌아 가는 경우를 많이 보게 됩니다. 20년이라는 긴 시간 동안 많은 경험으로 알아낸 결론은, 스스로가 일상 생활에서 긴장을 하고 있는 상태가 지속되면 몸의 자세가 무너지게 되는데, 그런 부분들이 누적이 되면서 목주름을 유발된다는 사실입니다.

불안과 두려움이 누적되면 몸은 긴장하고 스트레스를 받게 됩니다. 이는 주로 어깨와 목 부근의 긴장으로 쌓이고, 특히 목의 근육들이 경직되고 뭉치면서 이로 인해 목이 짧아지고 목주름이 생길 수 있습니다.

※ 두 번째. 호르몬과 갑상선

갑상선은 목에 존재하고 있습니다. 그래서 목주름에 영향을 받게 되는데 갑상선의 기능은 영유아기 때 정상적인 신체 성장에 필수적이며, 인체의 대사 과정을 촉진하여 모든 기관의 기능을 유지시키는 역할을 합니다.

목주름은 남성들에 비해 여성들의 경우가 비중이 큽니다. 갑상선호르몬의 영향을 깊게 받게 되는데, 확률적으로 외가쪽 유전적인 증상으로도 나타나며 갑상선 항진증과 저하증의 목주름 생김새는 다른 형태로 나뉩니다.

갑상선 호르몬이 많이 분비되는 항진증의 경우

심장박동수가 빨라지고, 땀을 많이 흘리고, 체중이 줄어들고, 월경불순, 안구가 돌출되는 증상과 혈압 이상, 숨찬 증상이 나타나며 신경질적이고 안절부절못하며 감정의 변화가 심해지는 정서 변화가 나타납니다. 불면증도 생길 수 있으며, 식욕이 증가해도 체중이 감소하는 경우가 있고, 설사나 변비 같은 소화기 증상이 나타날 수도 있습니다. 교감신경이 활성화 되며 몸이 마르고 조직이 가죽만 남게 되는 형태로 주름이 존재하는 것을 많이 볼 수 있었습니다.

갑상선 호르몬이 적게 분비되는 저하증의 경우

피곤하고 무기력하고 졸리며 기억력이 감퇴하고 집중력이 떨어집니다. 추위를 못참고 식욕이 감소하나 전반적으로 몸이 부기 때문에 체중 증가가 나타나며 기능저하증으로 부종이 생긴 경우에는 누른 자리가 잘 들어가지 않습니다. 부교감신경이 활성화되어 몸의 전반적인 대사가 느려 맥이 약하며 전체 몸에 부종이 생겨 튜브의 형태의 주름이 존재합니다.

✱ 세 번째, 남성의 목주름

남성의 목주름은 여성에 비해 오래 앉아있게 되면서 생기는 거북목증후근에서 발생되며, 침샘의 순환경로가 막혀 형성되는 경우가 많고, 귀밑이 부풀면서 목과 연결되어 목에 이중턱이 형성되며 목주름이 생기는 것을 많이 볼 수 있습니다. 이런 경우 대부분 복부 비만일 확률이 높은 것을 확인할 수 있습니다.

이 모든 것들이 긴장에 의해 유발되는데, 우리 몸의 교감신경 그리고 부교감신경과 깊은 관련이 있습니다. 우리 몸의 교감신경은 건강을 유지시키는 데에 필요한 생리적인 현상들을 단기간에 조절하여 위급한 상황에 대처하도록 설계되어 있는데, 근육조직들이 외부 충격에 대한 방어기제를 가지기 때문에 단단하고 딱딱한 형태로 바뀝니다. 그래서 교감신경이 활발해지면 우리 몸의 조직들은 단단하게 굳어 혈액순환을 막고 노화도 빨리 진행되며 그런 부분들은 나이 들어보이는 인상을 줄 뿐만 아니라 심하면 통증까지 유발합니다. 우리는 거기에 대해 어떻게 대비해야할까요?

1. 먼저 높은 베개 사용을 제한합니다

지나치게 높은 베개를 베고 자면 목뼈가 꺾여 혈액순환이 잘 되지 않고, 자면서도 긴장을 하기 때문에 자는 동안 목이 접히면서 주름이 생기게 됩니다.

2. 클렌징을 쇄골선까지 꼼꼼하게 해주세요

클렌징을 할 때 꼭 얼굴과 함께 쇄골선까지 클렌징을 해주며 각질 제거 또한 함께 해줘야 합니다. 팩도 동일하게 적용해줍니다. 원래 얼굴에 팩을 20분 했다면 15분 정도 얼굴을 하고, 뗀 다음 그것을 반으로 접어서 목에 5분 정도만 시간을 투자해 보세요. 목은 얼굴보다 더 얇은 조직으로 이루어져 있기 때문에 건조해지면 각질층이 두꺼워지고 탄력이 떨어지면서 주름이 더 쉽게 생기기 때문에 얼굴만큼이나 소중하게 대해줘야 합니다.

3. 내가 가지고 있는 시선에 따라서도 목의 형태는 좌우됩니다

항상 정면을 바라보고 걷고 당당하게, 누군가를 만날 때도 눈의 시선을 이마에 두게 되면 목도 구부정해지지 않기 때문에 목주름 해결에 도움이 됩니다.

여성의 목선은 우아함을 나타낸다고 하면 남성의 경우는 목을 보면 자신감과 신뢰감을 느끼게 해준다고 합니다. 사소한 행동 하나 하나가 사람의 이미지를 만들게 됩니다. 건강한 자세를 통해서 변화하길 바랍니다.

―――― 에필로그 ――――

피부 브랜딩의 시대,
외모도 나의 무기다

나는 이 책을 쓰면서 사람들의 외모가 나의 매력적인 무기가 될 수가 있다는 것을 알리고 싶었다. 외모는 우리가 사회적 상호작용을 하는 데 중요한 역할을 한다. 많은 사람은 외모를 자신의 중요한 매력 자본의 하나로 간주하고, 외모가 사람들의 인생과 경험에 어떤 영향을 미치는지에 주목해야 한다. 특히 외모의 아름다움은 우리가 자신감을 키우고 타인과의 관계를 형성하는 데 큰 영향을 미치며, 이에 따라 외모의 중요성은 우리가 사회에서 성공적으로 살아가는 데 있어서 중요하게 작용하는 것은 부인할 수 없는 현실이다.

내가 이 책을 쓰게 된 이유는 퍼스널 브랜딩 시대에 외모가 얼마나 중요한지를 강조하고, 매력적인 피부를 가꾸는 방법에 대한 지식을 높이기 위함이다. 외모는 우리가 전달하는 메시지의 큰 부분을 차지하고 있으며, 피부는 이를 결정하는 중요한 요소로 작용한다.

건강하고 매끈한 피부는 매력적으로 여겨지며, 자신감을 부여하고 주변 사람들에게 긍정적인 인상을 줄 수 있다. 피부가 결정하는 외모의 아름다움은 우리의 인상과 피부톤을 반영한다. 건강하고 잘 가꾸어진 피부는 윤기를 띠고 매끈하며, 이에 따라 우리의 외모를 화사하게 만들어준다. 반면에 피부의 상태가 나쁘게 되면, 여드름, 주근깨, 건조함 또는 기미와 같은 문제가 발생할 수 있다. 이는 외모에 치명적이며, 부정적인 영향을 줄 수 있다. 그런 영향은 부정적인 인식에 의해 나에게 찾아오는 성공의 기회를 앗아가는 것이다.

피부는 우리의 외모와 매력의 중요한 부분을 차지한다. 건강하고 아름다운 피부는 우리의 자신감을 높이고, 사회적으로 성공적인 관계를 형성하는 데 큰 도움을 준다. 따라서 우리는 피부의 건강을 유지하고 적절히 관리함으로써 외모의 아름다움을 높여 나의 매력 지수를 상승시킬 수 있으며, 이는 우리의 매력 자본을 향상시켜 무기로 사용하여 긍정적인 인상으로 성공의 기회를 잡을 수 있는 경험을 충분히 맛보게 될 것이다.

우리의 피부는 우리가 처해 있는 환경의 상태를 반영하기도 하며, 자연스러운 아름다움과 건강을 나타내는 지표이기도 하다. 피부의 건강은 우리가 어떻게 살아가는지, 우리의 식습관, 생활 습관 및 환경과도 밀접하게 관련이 있다. 충분한 수면과 휴식, 균형 잡힌 식사, 규칙적인 운동, 피부 관리 및 적절한 보호는 세포의 노화를 지연시키며, 우리의 피부를 건강하게 유지하는 데 정말로 필요한 자기 계발의 일부이다.

이 책을 통해 우리 모두는 자신의 외모와 피부 건강을 향상시키기 위한 노력을 할 수 있다. 이를 통해 우리는 자신감을 키우고 현재보다 더 나은 삶을 살아갈 수 있다. 이 책과 함께 우리의 피부 건강을 책임지고, 매력적인 피부를 위한 습관을 만들어 나가는 여정에 동참해 보자.

함께라면 가능하다. 우리는 피부 건강을 향상하고 유지하는 방법을 배울 것이다. 한 번만 읽는 것보다는 내가 필요하고 알고자 하는 부분의 한 장씩 매일 읽고 실천하게 된다면 피부가 나빠지는 근본적인 원인을 충분히 이해하고 그에 따른 조치를 취할 수 있다. 이를 통해 우리는 자신의 몸값을 올릴 수 있는 방법을 장착하여 좀 더 성공적인 삶을 살아갈 수 있을 것이다.

남수현